Pillnitz mit künstlicher Ruine und englischem Garten.

HEINZ WEISE

EPISODEN AUS DEM LUSTSCHLOSS PILLNITZ

TAUCHAER VERLAG

KURZWEILIGES Nr. 12

Weise, Heinz:
Episoden aus dem Lustschloß Pillnitz / Heinz Weise
1. Aufl. - [Taucha]: Tauchaer Verlag, 1996
ISBN 3-910074-48-0

© 1996 by Tauchaer Verlag
Gestaltung: Th. & H. Selle
Satz und Reproduktion:
Leipziger Medienservice
Druck und Verarbeitung:
Westermann Druck Zwickau
Printed in Germany
ISBN 3-910074-48-0

INHALT

Pillnitzer Prelude 7

Wie die Reichsgräfin ihr »Reich« verlor 10

August »sieht« sein Arkadien 14

»Mein Goldfasan macht, was er will« 19

Der wackere Wackerbarth 25

Weißer Adler, schwarzes Wildpret 30

Vom Nachspiel zum Maill-Spiel 34

Der Spott auf Gott 38

Gondolieri unterm Drachenzeichen 41

Die preußische Plünderung 47

Das »Meisterstück des Mißtrauens« 51

Der Rex-Komplex mit den Ruinen 56

Ein »Grüner« namens Jacques Rousseau 60

Götzinger und die Genien 65

Haltestelle: Holländischer Garten 73

Bacchus' Barkarole 76

Quellenverzeichnis 79

PILLNITZER PRELUDE

MAN zieht sich voller Zweifel an den Haaren
Die Sonne scheint, als hätt'es wieder Sinn
Wo sind die Tage, die so traurig waren?
Es ist, um förmlich aus der Haut zu fahren
Die große Schwierigkeit ist nur: Wohin?

Wohin? Aber Erich Kästner! Als Dichter aus Dresden und Denklust hätten Sie an Naheliegendes denken und elbauf fahren können: ins sommerliche Pillnitz... Dessen Landschaft und Lustschloß sind wie geschaffen für freundliche Wetter- und Gemütslagen! Denn dafür ließ August der Starke die Vielharmonie aus Schloß, Park, Wasser und Musik schließlich schaffen.

Schon der 1719 entstandene »Großer Plan von Pillnitz« kennzeichnet das Besondere jener vor Dresdens östlichen Toren unmittelbar an der Elbe zu errichtenden Riesenanlage. »Von Ihro Königlicher Majestät selbst inventiret« – schließlich war der Schüler des Schloßturm-Baumeisters Wolf Caspar von Klengel selbst fast ein Architekt und kreativer Künstler –, soll sie nicht nur das gesamte Gebiet zwischen Strom, rechtselbisch-rückwärtigen Höhen und Söbrigen umfassen und darin Lustgärten, Höfe, eine Menagerie und Orangerie, zwei Wasserpalais und einen Schloß-Zentralbau einschließen. Vor allem soll sie ein sommerliches Schloß am Wasser werden: mit Exotikflair für Muße, Feste, Spiele, kurz also zum Amüsieren, Kokettieren, Refraichieren; natürlich auch zum Repräsentieren, hat doch Pillnitz zugleich jene Unsterblichkeitsmanie zu bedienen, der der baubesessene Wettiner bis dahin bereits weidlich gefrönt hatte.

Was er nicht zuletzt deshalb konnte, weil er ein vielversprechendes Erbe angetreten hatte. Zählte sein Land infolge des gewaltigen Rodungs- und Besiedlungsaufbruchs im 12. Jahrhundert, seiner reichen Ressourcen (Freiberger Silberfunde von 1168), frühen Städtegründungen und Hinwendung zu Technik und Kunst bei gleichzeitiger Vermeidung von Leibeigenschaft doch zu einem der fortgeschrittensten in Europa.

Diesen Struktur- und Produktivkraftfundus suchte Friedrich August I., genannt der Starke, seit 1694 Kurfürst von Sachsen sowie seit 1697 König von Polen und als solcher August II., nun unumschränkt zu organisieren. Er tat dies gleichermaßen mit einer weitgespannten dynastischen wie wirtschaftsintensiven Politik (Förderung von Bergbau, Handel, Wissenschaft), vor allem aber mit dem Ausbau Dresdens zum Weltereignis »Barockstadt«.

Während der »Pillnitzer Zeit« war die an seinen Hof gerufene europäische Architekten-Creme gerade dabei, des ebenso schöpferischen wie launischen Königs Residenzstadt aus der Ansehnlichkeit in die Einzigartigartigkeit eines »deutschen Florenz« zu heben: das Taschenbergpalais ist fertiggestellt, »Altendresden« auf dem Weg zur »Neuen Königsstadt« und der Zwinger dabei, das sandsteinerne Kleinod zu werden. Doch nun soll auch Dresdens Umgebung im Schlösser-Glanz zu erstrahlen beginnen, mehr noch: der Elbstrom zu einer von Staats- und Luxusbauten eingefaßten Wasserstraße gestaltet werden.

Als exotischen Edelstein in dieser Schlösserkette aber will August Pillnitz funkeln sehen. Und so komponieren denn sein Baupoet Matthäus Daniel Pöppelmann und die nachfolgende Baumeister-Generation jenen Juwel der Architektur in die Natur, den wir als steingewordene und mit den Bergen, Wäldern und dem Wasser so ideal harmonierende Musik empfinden. Denn die sanften Schwünge der Stromlandschaft, die schwalbenfluggleiche Rhythmik der Schloßdächer, der bunte Reigen der Parkflora, die unvergängliche Musik Webers und Wagners, die hier den Wäldern und Auen entstieg und sie bis heute zu durchweben scheint – alldas klingt zusammen zu einer lebensfrohen Sinfonie, die wohl jeden Pillnitz-Gast bezwingt und beschwingt; von wo und wie er hier auch eintreffen mag, mit Bus, Pkw oder zu Schiff.

Am eindrucksvollsten empfängt ihn die Sinfonie freilich von der Elbe aus; dort, auf den Schiffen der Weißen Flotte, »erfährt« er den Pillnitzer Auftakt am natürlichsten. Man benötigt für diese »Sehfahrt«, verglichen mit der Autoanreise, zwar ein wenig mehr Zeit. Aber die sollte sich ohnehin lassen, wer im Lustschloß, diesem Refugium froher Gelassenheit, lustwandelt – und bei dieser Gelegenheit das darum sich rankende Episodische rezipieren möchte.

H. W.

WIE DIE REICHSGRÄFIN
IHR »REICH« VERLOR

ENDE November 1716 war August der Starke endlich wieder einmal auf einige Zeit vom Warschauer Königssitz herein. Hofjuwelier Johann Melchior Dinglinger macht sich deshalb von seinem prächtigen Patrizierhaus in der Dresdner Frauenstraße 9 aus auf den Weg ins nahegelegene Schloß; unterm Arm ein Holzkistchen filigranen Inhalts. Er hat ihn diesmal besonders sorgfältig verpackt, weil er unter besonderen Mühen entstanden ist. Als Auftraggeber Augusts Augen bei der Entgegennahme der Kostbarkeit dann aber zu strahlen beginnen, ist die zurückliegende Plackerei vergessen: Wird dem Goldschmied für seine aus orientalischem Chalzedon gefertigte Schale »Das Bad der Diana« doch der gewohnte Beifall und Lohn zuteil.

Allerdings auch eine ungewohnte Frage. Nachdem der König seinen Biberacher Artifex belobigt hat, nimmt er ihn beiseite und möchte wissen, ob er mit seiner Diana irgendeine Dame wissentlich habe porträtieren wollen, etwa die Frau Reichsgräfin. An sie, die schöne Cosel, schien ihn das Antlitz der Göttin zu erinnern. Doch der auch in der Redelist beschlagene Meister antwortet geistesgegenwärtig, er habe aus dem Elfenbein nichts anderes herausholen wollen als jene sagenumwobene und daher schon vor Jahrhunderten dahingegangene Person, so daß August amüsiert abläßt.

Der gefährliche Hintergrund der Frage erschließt sich Dinglinger in den darauffolgenden Tagen. Die ganze Stadt tuschelt plötzlich: »Anna Constanze ist abgeschafft!« Und natürlich will auch jeder die Gründe für ihren freien Fall kennen: Die habgierige »sächsische Bathseba« habe den König zu einem schriftlichen Heiratsversprechen für den Todesfall seiner Gemahlin Christiane Eberhardine getrieben, seine Polenpolitik hinter- und damit Hochverrat betrieben, sei im Vorjahr mit Staatsgeheimnissen von ihrem Gut Pillnitz nach Preußen geflüchtet, von dessen sittenstrengem König Friedrich Wilhelm I. aber ausgeliefert und jetzt in Pillnitz arrestiert worden. Es stimmt alles – nur, daß sie seit dem 22. November jenes Jahres bereits auf der Festung Stolpen und nicht mehr in Pilnitz festsitzt. Dabei lag es durchaus nahe, daß August seine Geliebte endgültig in jenen goldenen Käfig hatte sperren lassen, den er ihr einst geschenkt hatte: das war 1707, also 13 Jahre nach seinem Regierungsantritt, zu dem er durch den Tod seines Bruder-Regenten gelangt war.

Der, Johann Georg IV., war damals – und daran nun kann sich der Herr Hofjuwelier, der auch für ihn bereits tätig war, lebhaft erinnern – ebenfalls von einer Geliebten umgeben gewesen: von Magdalene Sybille von Neitschütz, die der Cosel im Streben nach Besitz voranging. Brachte sie doch »ihren« Johann dazu, am 31. Januar 1694 die schon lange umworbene Herrschaft Pillnitz endlich in landesherrlichen Besitz zu überführen und sie drei Wochen später damit zu beglücken. Allerdings nur für knapp anderthalb Monate; denn sie starb schon am 4. April an den Blattern, ihr infizierter Geliebter folgte ihr am 27. April nach.

Das alte Schloß, nordwestliche Front.

August war damit neuer Kurhut- und Pillnitzbesitzer in einem geworden. In letzterem gefällt er sich dann zwar viele Jahre. Als aber dem 35jährigen 1705 die 19jährige Frau seines Finanzministers Adolf Magnus von Hoym zunehmend mehr gefällt, erklärt er dem seit sechs Jahren mit dem holsteinischen Edelfräulein von Brockdorf Verehelichten, »es dependire (abhänge) Dero Leib und Leben von dieser Creatur Besitz und sei es Ihm, als wenn Sie bezaubert wären.« Neudeutsch: August begehrt die Dame. Er drängt sie deshalb ein Jahr später zur Scheidung, für 100 000 Taler Jahresgehalt in den Favoritinnen-Status sowie zur Annahme des Titels »Gräfin Cosel« und schließlich 1707, dem für Sachsen so schweren Folgejahr der Niederlage im Nordischen Krieg, zur Entgegennahme von Pillnitz: jenem ehemaligen Ritter-

und nachmaligen Gutsherrensitz, der außer Land eine Häuslersiedlung, zwei Gutshöfe, eine vom Geschlecht derer von Loß um 1600 erbaute Kirche und eine danebenliegende, elbnahe Renaissanceburg umfaßt.

Und der, wie Augusts Goldschmied weiß, zusammen mit dem dann 1711 noch an die Cosel übereigneten Taschenbergpalais, damals schon einen Wert von 130 000 Talern repräsentierte. Die neue Herrin der alten Pillnitzer Guts- und Schloßanlage erhöht ihn aber noch. Sie erweitert den alten Obst-, Gemüse- und Blumengarten nach Westen hin und formt ihn zugleich zu einem, mit der streng geometrisch-symmetrischen Anordnung französische Stilelemente aufnehmenden, Barockgarten um, indem sie nach 1712 Charmillen anlegen läßt: jene bis heute erlebbaren labyrinthischen Heckenquartiere aus Hainbuchen, die ihr fortan als himmeloffene Gesellschaftsräume für allerlei Spielchen und Neckereien dienen.

Bis dann ihr Spiel aus war und sich bestätigte, was Dinglinger auf Dresdens Straßen vernommen hatte: »Die Cosel ist verstoßen, in Ungnade gefallen!« Was hieß: die Reichsgräfin hatte nicht nur den König und ihre königliche Apanage, sondern auch ihr »Reich« Pillnitz verloren.

AUGUST »SIEHT« SEIN ARKADIEN

Mon dieu, welch' Tag! Die Sonne scheint, die Luft ist lau, und seine Sänfte, die ihn sanft durchs Reich der Mitte schaukelt, gewährt ihm wundersame Aus- und Einblicke. Denn schaut August nach draußen, sieht er am blauen Himmel kleine rote Drachen fliegen, während unten weiße Elefanten einen lotosblumenbekränzten See umschreiten. Noch schöner fast der Anblick vor ihm, wo sich zu seinen Füßen zwei junge Dienerinnen räkeln, die ihm aus schräggestellten Augen zulächeln. Die kleinere, mit zartrosa Pfirsischwangen, wedelt ihm mit einem Pfauenfächer Kühle zu und läßt dabei ihr dünnes Seidengewand leicht nach oben rutschen; die andere, ein Schwarzzopf mit grünem Kimono, lullt ihn mit der Flöte ein, hält aber gerade inne im Spiel und öffnet ihren Kirschmund: »Lo und Li muß man haben«, Musik und Höflichkeit, zitiert sie eine chinesische Weisheit und zeigt ebenso höflich zum See hinüber. Der aber ist plötzlich die Elbe. Über sie gleitet August jetzt in einer Dschunke zu einem prächtigen Palast mit geschweiften Dächern und bunten Laternen am Eingang. Dort winkt ihm nun sein Baumeister Pöppelmann zu… der es jedoch gar nicht ist, denn er trägt die Gesichtszüge des Großmoguls Aureng-Zeyb… Da fällt dem König vor Staunen die teegefüllte Porzellantasse aus der Hand… Er erwacht.

August der Starke, stark nicht nur an Phantasie,

weiß sofort: Das Buch! Es sind die Schilderungen dieser... dieser Messieurs Bernier und Tavernier, die jetzt sogar seine Nachtträume beherrschen; denn Tagträume haben die beiden unternehmenslustigen französischen Gelehrten Francois Bernier und Jean Baptiste Tavernier mit ihren höchst lesenswerten Büchern über ihre neuesten Forschungen und Erlebnisse im Fernen Osten ohnehin bei ihm entfacht. Überhaupt nicht trennen kann er sich von dieser Lektüre, an der er sich nun schon wochenlang goutiert. Es ist aber auch über die Maßen erstaunlich, was sie an neuen Erkenntnissen ans Tageslicht befördert. Nicht nur, daß sie den geheimnisvollen Schleier um ein beträchtliches lüftet, der bisher Leben und Treiben des Großen Moguls von Hindustan, Aureng-Zeyb geheißen, bedeckte. Insonderheit kann man ihr entnehmen, daß in der Welt des Fernen Ostens ein ebensolches, wenn nicht noch superbres Dolce far niente vorzufinden ist wie an seinem, dem sächsischen, Hofe.

Er, August, hat es sich seit jeher so vorgestellt. Hatte er, jetzt im fünften Lebensjahrzehnt stehend, nicht schon während seiner großen Kavalierstour 1694 durch Europas Höfe davon gelesen? Des bestallten Domprobstes zu Wurzen, Heinrich Anselm Ziegler und Klipphausen, Roman »Asiatische Banise«, dessen Held Balozin berufen ist, im »blutigen, doch mutigen« Pegu die gefangengehaltene Prinzessin zu befreien, war damals zu seinem Lieblingsbuch geworden. Gänzlich sprang der Zauber des Fernöstlich-Exotischen dann aber auf ihn über, als er in Ludwig XIV. Versailles das bereits 1670 für die Marquise des Montespan errichtete »Trian des porcelaine« erblickte, ein Teehaus mit zwei seitlichen Pavillons,

Das Schloß Pillnitz von der Elbe her gesehen, 1721.

dessen gesamte Ausstattung sich auf das klassische Teeland China bezog. An ihm waren nicht nur die Fassaden und Innenwände mit Fayancekacheln verkleidet oder porzellanartig bemalt, sondern auch Dach und Hof gefliest, und dies sogar noch farbig: gelb, blau-weiß und violett. Einfach adrett!

Wer wollte es ihm also verdenken, daß er, kaum den Kurhut auf dem Kopf, jener an Europas Höfen schon seit dem 17. Jahrhundert vorherrschenden Chinamode intensiver denn je zu fröhnen begann. Schließlich korrespondierte die chinoise Zierform, die Nachbildung fernöstlich-fremder Stilarten also, nicht nur mit dem verspielten Barock; das Exotisch-Groteske entsprach vielmehr zugleich seiner, Augusts, exzentrischen Lebensform. Deshalb ja hat er in den zurückliegenden Jahren diese Unmengen chinesischer und japanischer Keramik ankaufen und sie und die anderen Schätze obendrein zu Sammlungen stückangelegenheit standen die Dinge gar noch günstiger. Der alte Oberhofmarschall von Haugwitz hatte auf dem Taschenberg, einem kleinen Hügel, der inzwischen längst abgetragen ist, ein geräumiges Haus bewohnt. Der vornehme Greis hatte jüngst das Zeitliche gesegnet, und die Witwe würde das Gebäude sicherlich zu einem günstigen Preis verkaufen, zumal man davon sprach, daß sie in Geldverlegenheit sei. Die Auspizien waren also günstig, die Reise mit Constantia nach Karlsbad konnte beginnen.

So wurde das Gelände auf dem Taschenberg und das Versprechen, dort ein Palais zu errichten, zum Pfingstgeschenk eines verliebten Herrschers. Auch alle anderen Forderungen Constantias wurden erfüllt. Sie hatte mit einem sehr hohen Einsatz gespielt. Nun schien er sich gelohnt zu haben. Die Perle des barocken Dresden trat aus dem klaren, heilsamen Wasser von Karlsbad hervor.

Mit einem verführerischen Blick lockte Constantia den Kurfürsten in das Innere des Hauses. Dort legte sie sich ihm lustvoll und demütig zu Füßen.

DIE SCHÖNE COSEL,
ERSTE HERRIN
AUF DEM TASCHENBERG

𝓐LS sich am 24. Juni 1705 die kurfürstlichen Kutschen auf den Rückweg von Karlsbad nach Dresden machten, verließen die beiden prominenten Gäste aus Sachsen den Kurort weit veränderter, als sie es sich selber eingestanden. Friedrich August lehnte in seinen Polstern wie ein erschöpfter Jäger, der das begehrte Wild endlich erlegt hatte. Er wußte, diese Frau wird sein Herz, wenn schon nicht den Rest seines Lebens, so doch die nächsten Jahre beherrschen. Er hatte ihr dafür viel gegeben. Das zukünftige Taschenbergpalais war gewiß ein hoher Preis, aber gemessen an dem geheimen Ehevertrag erschien diese »Morgengabe« geradezu lächerlich. Schließlich war es dieser Kontrakt, der ihn in einer Weise an die Geliebte band, wie er es keiner ihrer Vorgängerinnen auch nur annähernd gewährt hatte. August beschlich die dunkle Ahnung, daß er damit vielleicht zu weit gegangen war. In unbestimmter Weise wurde er sich des Zündstoffes bewußt, der später zum großen Konflikt führen und seine Angebetete neunundvierzig Jahre hinter die Burgmauern von Stolpen bringen wird.

Das Paar fuhr, wie es das höfische Protokoll verlangte, in getrennten Kutschen. Während in der einen August in köstlicher Ermattung versuchte, der Zukunft einen Spaltbreit ins Antlitz zu schauen, saß in der zweiten Anna Constantia im Hochgefühl ihres Triumphes. Die Demütigung von Wolfenbüttel war vergessen, die ärmlichen Jahre von Depenau erschienen in unwiederbringlicher Ferne.

Gewiß würde es etwas Ärger mit Hoym geben, aber auf Dauer wird er nichts gegen den Landesherren ausrichten können. In ihren Wachträumen stellte sie sich die Pracht ihres neuen Palais vor, empfand sie das unbeschreibliche Gefühl, über den Mächtigen Macht auszuüben.

Wie gut die Dinge liefen, mochte man schon daran erkennen, daß noch während des Karlsbader Aufenthalts der Kaufvertrag über das Haugwitzsche Anwesen eintraf und der Kurfürst die geforderte Summe von 10 500 Talern anstandslos bezahlte. Alles deutete daraufhin, daß nun ihre große Zeit kommen würde.

Als die Kutschen in Aussig anhielten, ging eine überglückliche Constantia auf ihren Fürsten zu und betrat mit ihm gemeinsam das Schiff, das sie auf der Elbe nach Dresden bringen sollte.

Die Residenz bemerkte vom Wandel der Dinge zunächst fast nichts. Auch als die kurfürstliche Kammer nach dem Haugwitzschen Haus nun auch noch das angrenzende Anwesen des Geheimen Rats von Einsiedel gegen dessen anfänglichen Widerstand erwarb, wofür August den Verkäufer zum Vice-Kammer-Präsidenten machte und 31 450 Taler zahlte, wurde das von der Öffentlichkeit kaum wahrgenommen.

Erst als am 24. August 1705 die Madame Hoym auf den Taschenberg zog und der Kurfürst eine Doppelwache vor ihrem neuerworbenen Haus aufstellen ließ, war den Dresdnern klar, daß ihr fünfunddreißigjähriger Landesvater eine neue Mätresse hatte, und zwar die um zehn Jahre jüngere Anna Constantia von Brockdorff, verehelichte und sicher bald geschiedene von Hoym.

Doch bevor die Trennung von dem dicklichen Gatten erfolgte – das geschah erst im Januar des folgenden Jahres –, hatte der Fürst seine Geliebte ins Grüne Gewölbe gebeten, damit sie sich dort kostbare Möbel für die Ausstattung ihres Hauses aussuchte.

Als davon Anna Sophia, des Kurfürsten sittenstrenge Mutter, erfuhr, wurde sie argwöhnisch. Sie hatte mit ihren beiden Söhnen, was Mätressen anlangte, schon schlimme Erfahrungen gemacht. Immer wenn sie in einen schönen Rock vernarrt gewesen waren, schmissen sie das Geld mit offenen Händen zum Fenster hinaus, beziehungsweise ihrer Angebeteten in den Schoß. Deshalb schickte die Fürstinmutter einen Vertrauten in die kurfürstliche Kanzlei, um nachsehen zu lassen, wer als Käufer und Besitzer des Taschenberg-Areals dort im Grundbuch eingetragen sei.

Der Abgesandte kam mit der Nachricht zurück, daß in dem Register nicht etwa der Kurfürst, sondern Frau von Hoym als Eigentümerin verzeichnet sei. Schau, schau, dachte Anna Sophia über ihren Sohn, August der Starke ist offensichtlich auch August der Raffinierte. Denn woher das unbemittelte Ding aus Holstein auf einmal soviel Geld hatte, war leicht zu erraten. Nur nachweisen konnte man nichts.

Trotz dieser fürstmütterlichen Sorge endete das Jahr 1705 mit einem zweifachen Triumph für die fünfundzwanzigjährige Mätresse. In einer Cabinettsorder befiehlt Friedrich August I. den Baubeginn des Taschenbergpalais, und das unbemittelte Ding aus Holstein wird kurz danach zur Reichsgräfin Cosel erhoben.

*Die erste Herrin im Taschenbergpalais:
Reichsgräfin Anna Constantia von Cosel.*

Wenn man vom entstehenden Taschenbergpalais spricht, wird von nun an für lange Zeit nur noch vom »Coselschen Haus« die Rede sein.

Der Bau der Mätressenresidenz ging schleppender voran, als es dem Kurfürst und vor allem der Gräfin lieb war. Mal fehlte es an Baumaterial, mal an Baugrund für das auch räumlich aufwendige Projekt, und es fehlte immer an Geld.

Friedrich August ließ, um seiner Geliebten zu Gefallen zu sein, sogar Finanzen vom Schloßbau abzweigen und steckte sie in sein prunkvolles Liebesnest, in dem die Cosel wie eine Fürstin residierte. Ohne Skrupel nutzte sie die Gunst des Herrschers aus. Sie sorgte, wenn das Baugelände erweitert werden sollte, für rigorose Zwangsräumungen, sie drängte den Landesherrn, Geld bereitzustellen, schwärzte bei ihm mißliebige Architekten und Bauherren an und nahm davon lediglich einen aus, weil sie wohl ahnte, das sie ihm nicht gewachsen war: Matthäus Daniel Pöppelmann, der spätere Erbauer des Zwingers, der – man weiß nicht genau ab wann – unmittelbar in das Baugeschehen am Palais eingriff.

Zwischen Pöppelmann und der Cosel muß eine Art Seelen- und Schicksalsverwandtschaft bestanden haben. Beide waren sich bewußt, daß ihr Aufstieg von der Talsohle des Lebens ausgegangen war und daß sie auch in Dresden, einer Stadt, in der sie nicht geboren waren, hatten ganz von vorn anfangen müssen. Doch beide hatten ihre sehr unterschiedliche Chance genutzt und einen beispiellosen Aufstieg erlebt.

Freilich übersah Constantia dabei geflissentlich, daß die zwei Karrieren auf völlig verschiedenen Voraussetzungen beruhten. Dank seines Fleißes hatte

Matthäus Daniel Pöppelmann, Dresdens großer Baumeister, wirkte maßgeblich an der Errichtung des Taschenbergpalais mit.

Pöppelmann selbst die subalternsten Arbeiten in der sächsischen Bauverwaltung nicht als Demütigung empfunden, war er mit bescheidener Beharrlichkeit die Karriereleiter Sprosse für Sprosse nach oben gestiegen, bis er jenen Punkt erreicht hatte, von dem aus er sein eigentliches Kapital hatte einsetzen können: sein Talent.

Was hatte die Cosel dem entgegenzusetzen? Nichts als das vergängliche Gut ihrer Schönheit und den durchaus nicht ewig währenden Glanz ihrer blendenden Figur. Daß sie beide in die Geschichte eingingen, beruht nicht auf der Ähnlichkeit ihres Anfangsschicksals, sondern auf der Unterschiedlichkeit ihres Endes. Pöppelmann wurde berühmt durch Leistung, die Cosel durch Leid. Hätte sie nicht zwei Drittel ihres Lebens hinter Gefängnismauern verbracht, sie wäre eine Mätresse wie jede andere geblieben, von der die Nachwelt keine Kenntnis mehr nimmt.

Doch als sie in Dresden beim Bau des Taschenbergpalais miteinander zu tun hatten, waren sowohl die Cosel wie auch Pöppelmann noch mitten auf ihren so unterschiedlichen Wegen und hätten sich von deren Ende kaum ein Bild machen können. Deshalb war ihr Umgang ungezwungen und geprägt von gegenseitiger Sympathie und Achtung. Und in der Tat ging es mit dem Palais schneller und besser voran, seit Pöppelmann sich für das Projekt interessierte. Bald präsentierte sich der Bau in einer Weise, daß er sich neben seinem Nachbarn, dem Schloß, durchaus sehen lassen konnte.

Im Mai 1709 erlebten das Haus und seine Herrin ein bedeutendes Ereignis. Es nahte ein Glanzpunkt im Leben der Cosel, ein Fest, das in seiner höfischen Pracht oft noch in ihr Gedächtnis zurückkehren wird, wenn sie die dicken Mauern des Turmgefängnisses von Stolpen für Jahrzehnte umklammern werden: Der dänische König Frederik IV. kommt zu einem Staatsbesuch in die sächsische Residenz.

August empfing den Gast mit allem aristokratischen Pomp, denn dieser kluge Monarch war ihm in seinem europäischen Kräftekalkül wichtig wie kein zweiter. Gelänge es, den Dänen auf die Seite Sachsens und Polens zu ziehen, dann stünde es um seinen schwedischen Widersacher Karl XII., der ihm so viele militärische Demütigungen zugefügt hatte, ziemlich schlecht. Dann gäbe es begründete Hoffnung, daß er sich die polnische Krone bald wieder aufs Haupt setzen lassen dürfe. Denn was nützte es ihm, wenn Warschau ihm zwar gestattete, sich wei-

Die Ostfassade des Taschenbergpalais. Historische Zeichnung.

ter König zu nennen, wenn aber hinter diesem Titel nicht die wirkliche Macht an der Weichsel stand? Sie konnte aber nur wiedererlangt werden, wenn er Karl XII. auf die Knie zwang, und das schien ihm ohne den Beistand Frederik IV. so gut wie unmöglich.

Es lag also August viel daran, auf Frederik Eindruck zu machen. Wie konnte das besser geschehen als durch die Präsentation eines prächtigen Palais und einer faszinierenden Frau, der Herrin des schönen Hauses?

Die Cosel schritt die große Treppe herab wie im Traum. Das also war aus der einfachen Landadligen aus Depenau geworden! Eine vielumschwärmte Schönheit, eine Gräfin in Begleitung zweier Könige, von denen der eine, »ihrer«, verliebt in sie war wie in jenen ersten Tagen in Karlsbad. Und die fast unmerkliche Bewegung in ihrem Leib rührte von ihm her, es wird sein Kind sein, das er legitimieren wird, wie er es vertraglich versprochen hat.

Das Zwei-Königs-Fest im Taschenbergpalais wurde zur rauschenden Ballnacht, in der die Cosel die unbestrittene Königin war. Die Raumfluchten tönten wider vom Klang der Musik, hunderte Kerzen verstrahlten ihr warmes Licht über die kostbaren Möbel, über die wertvollen Interieurs, die August dem Grünen Gewölbe entnommen hatte, damit sie hier im Haus der Cosel den Glanz noch glänzender machten.

Die Verhandlungen mit dem dänischen König schleppten sich ziemlich träge dahin. Frederik war zu vorsichtig, als daß er sich vom Eindruck der Cosel und ihres Hauses zu leichtsinnigen Zusagen hätte verlocken lassen. Er würde, erklärte er schließlich, nur dann an die Seite Sachsens gegen die Schweden treten, wenn Rußland unter Peter I. ein gleiches tat. Doch die Russen erledigten die Sache mit Karl XII. ohne viel Federlesens auf eigene Faust. Im Sommer 1709 schlugen sie die Schweden bei Poltawa vernichtend.

Nun sah auch August angesichts der beträchtlichen Schwächung der schwedischen Position seine Stunde gekommen. Im Hochsommer setzte er seine Truppen in Richtung Polen in Marsch. Wenn es nicht um die Rückgewinnung der Königsmacht gegangen wäre, er hätte an der Aktion wenig Erfreuliches gefunden. Erträglich wurde ihm der Marsch nach Osten nur, weil sich die Reichsgräfin von Cosel in seiner Begleitung befand.

Doch dann im Feldlager klagte Anna Constantia über körperliche Beschwerden, die ganz offensichtlich mit ihrer Schwangerschaft in Zusammenhang standen. Sie wollte nichts riskieren, wollte vor allem verhindern, daß sich die Ereignisse von vor zwei Jahren wiederholten, als sie einen toten Sohn gebar. Ein Jahr später hatte sie August die kleine Augusta Constantia – symbolhafte Namensverkettung der beiden Liebenden – geschenkt. Und nun sollte es auf alle Fälle ein Junge sein, ein gesunder Junge. Deshalb bat sie den Kurfürsten, sie von der weiteren Teilnahme an dem polnischen Feldzug zu befreien. August war einsichtig genug, ihr das nicht zu versagen.

So kehrte die Cosel ohne ihren geliebten Herrn nach Dresden in ihr Palais zurück und entband am 24. Oktober 1709 – von einem Mädchen, das auf den Namen Friedericke Alexandra getauft wurde.

Friedrich August, der nun nicht mehr nur dem Namen, sondern auch der Macht nach König von Polen war, reagierte auf die Geburt der zweiten Tochter auffallend kühl. Er sei, ließ er die Cosel wissen, in Warschau zu sehr beschäftigt, als daß er die glückliche Niederkunft Anna Constantias zeitlich sonderlich berücksichtigen könne.

War das der Anfang vom Ende?

GEWITTERSTÜRME
ÜBER DEM PALAIS

IM Jahre 1712 erfüllte sich ein langgehegter Wunsch der Cosel. Sie schenkte einem Sohn das Leben, dem sie den beziehungsvollen Namen Friedrich August gab. Vom geliebten Kurfürsten hörte Anna Constantia wenig. Sie log sich vor, daß sein Schweigen mit der vielen Arbeit zusammenhinge, die ihm die Regentschaft über das desperate polnische Königreich abverlangte. Da wäre es für ihn doch sicher eine köstliche Überraschung, wenn sie völlig unerwartet im Warschauer Schloß erschiene. Er wird ihr entgegeneilen und sie in seine starken Arme nehmen, und dann des Nachts werden sie an den Fenstern seiner Gemächer stehen und verliebt hinab auf die im Dämmer liegende Weichsel schauen.

Ja, das war eine Idee! Schon am nächsten Morgen teilte sie den Bediensteten des Palais mit, daß sie in Kürze nach Polen zu reisen gedenke. Gegen Mittag befahl sie den Verwalter des Schlosses Pillnitz, das ihr August in den Hochzeiten ihrer Liebe geschenkt hatte, zu sich und machte ihm die gleiche Mitteilung. Zwei Tage später war die Reisekutsche bereit, und Anna Constantia begab sich auf den Weg in das östliche Königreich ihres Geliebten. Doch kaum hatte sie die polnische Grenze überschritten, wurde sie von einigen Offizieren zu Pferde angehalten. Man bedeutete ihr höflich, aber bestimmt, daß ihr Besuch in Warschau unerwünscht sei und der König persönlich Anweisung gegeben habe, sie nach Dresden zurückzuschicken.

Die Cosel war von dieser unerwarteten Wendung der Dinge so überrascht, daß es ihr die Sprache verschlug. Sie starrte die Offiziere nur verständnislos an, und als sie merkte, daß sich ihre Augen mit Tränen füllten, gab sie dem Kutscher den tonlosen Befehl, zu wenden und an die Elbe zurückzukehren.

Viele Stunden später langte sie völlig erschöpft wieder in ihrem Palais auf dem Taschenberg an. Sie war zu Tode ermüdet, ihre Seele war wie regungslos gelähmt. Das prächtige Haus kam ihr auf einmal wie ein Anachronismus vor. Dies alles, die kostbaren Möbel, das wunderbare Porzellan, die farbenprächtigen Tapeten, die wertvollen Gemälde, hatte ihr derselbe König zu Füßen gelegt, dessen Offiziere sie jetzt wie eine Aussätzige vom Thron des Geliebten fernhielten.

Es war unbegreiflich! Das Gespenst von Wolfenbüttel, das sie längst für endgültig gebannt hielt, stand plötzlich wieder auf und wehte durch die Raumfluchten des Taschenbergpalais. Wird man sie ein zweites Mal davonjagen? Nein, diesmal wird sie sich wehren mit allen Mitteln, die ihr zur Verfügung standen! Und diesmal hat sie Verträge, die sicher verwahrt sind im Familienarchiv in Holstein!

Doch die Überzeugung, gegen alle Unbilden des Schicksals diesmal gewappneter zu sein, wich ganz schnell der schmerzhaften Vorstellung, daß ihr Geliebter sein Herz längst einer anderen geschenkt haben könnte. Doch sie war zu stolz, in dieser peinigenden Angelegenheit irgendwelche Erkundigungen einzuholen. Sie barrikadierte sich stattdessen in ihrem Palast ein und tat, als sei nichts geschehen. Irgendwann mußte »er« ja nach Dresden zurückkehren, denn er war ja nicht nur polnischer König, sondern auch sächsischer Kurfürst. Und wenn August erst einmal an der Elbe war, dann wird er wieder ganz der Alte sein und vor ihr hinschmelzen wie der Schnee im Frühling des Erzgebirges.

Doch August kam nicht und schmolz auch nicht dahin. Statt seiner erschien der Kabinettsminister Jakob Heinrich von Flemming. In der ihm eigenen umständlichen Art eröffnete er der Reichsgräfin Cosel, daß der König den dringenden Wunsch habe, daß Anna Constantia das Taschenbergpalais räume und sich nach Schloß Pillnitz zurückziehe.

»Was denken sich Majestät! Er kann mich doch nicht aus meinem Eigentum vertreiben! Melden Sie nach Warschau, daß ich dieses Ansinnen ablehne!« Flemming zog ratlos seine herabhängenden Schultern hoch und machte mit seinen langen Armen eine fahrige Bewegung. Das Gespräch erstarrte, als sei es von den Blitzen erschreckt, die vom Strom her über den Himmel zuckten, gefolgt von kräftigen Donnerschlägen, die der Szene eine sonderbar überzogene Theatralik gaben.

Schließlich brach die Cosel das Schweigen und sagte unvermittelt: »Der König hat eine andere.« Nun legte sich die Lähmung vollends auf Flemmings Zunge, und erst, nachdem die Gräfin den Minister abwechselnd mit Freundschaftsbekundungen und mit Drohungen bestürmt hatte, war er zum Reden zu bringen. »Ihre Vermutungen dürften wohl zutreffen...« sagte er und fügte dann ohne sonderliche Teilnahme hinzu: »Es handelt sich um Gräfin Maria Magdalena von Dönhoff. Sie erfreut sich in Warschau schon seit einiger Zeit der Gunst Seiner Majestät.«

*Cosel-Nachfolgerin im Bett und im Palais:
Gräfin Maria Magdalena von Dönhoff.*

»Gehen Sie!« herrschte die Cosel den Minister an. Dieser verbeugte sich und erwiderte: »Gewiß, Madame! Nur sollten Sie mir vorher sagen, ob sie gewillt sind, des Königs Wunsch zu erfüllen und das Palais zu verlassen, wobei Sie in Schloß Pillnitz ihren Wohnsitz nehmen könnten.«

»Ich bleibe!« Flemming spürte, daß dies das letzte Wort der Gräfin war – zumindest für heute. Er verbeugte sich ein zweites Mal und ging.

Als sie endlich allein war, riß Anna Constantia das

Fenster auf. Der Regen, der noch immer in Strömen vom Himmel fiel, peitschte ihr ins Gesicht und vermischte sich mit ihren Tränen. So also sah das Ende ihres glanzvollen Weges aus. Sie war wieder allein. Keiner von all denen, die ihr Komplimente gemacht und sie ihrer Freundschaft versichert hatten, würde sich gegen den König auf ihre Seite stellen.

Der Herbst ging quälend langsam dahin. Von Friedrich August erfuhr sie nur aus zweiter oder gar dritter Hand. Wenn in Dresden in dieser Zeit überhaupt jemand das Interesse des Königs fand, dann war es Pöppelmann, freilich längst nicht mehr des Cosel-Palais wegen, sondern in den Angelegenheiten, die den entstehenden Zwinger betrafen.

Das kostbare Haus erschien Anna Constantia in diesen Wochen, da das Jahr dem Winter entgegenging, sonderbar entleert, als habe es seine Seele verloren, als würden die Schätze, die es barg, nur durch die Liebe gelebt haben. Nun, da diese ganz offenbar erstorben war, sahen auch sie kalt und tot aus. Das Haus starb im Herzen der Gräfin seinen langsamen Tod.

War sie anfangs noch entschlossen gewesen, um keinen Preis von der Stelle zu weichen, so begann sich diese Meinung zu ändern, als sie eines Nachts durch heftigen Lärm geweckt wurde. Sie eilte zum Fenster und traute ihren Augen nicht. Maurer waren damit beschäftigt, mit schweren Hämmern den Verbindungsgang niederzureißen, der das Schloß mit ihrem Palais vereinigt hatte und durch den August oft des Nachts zu ihr gekommen war. Am nächsten Morgen stellte sie fest, daß auch die kurfürstliche Doppelwache nicht mehr vor der Tür ihres Hauses stand.

August hatte offenbar Befehl gegeben, die Trennung auch äußerlich sichtbar zu machen. »Tritt mir diese Dönhoff unter die Augen, bringe ich sie um!« drohte sie in sich hinein.

Natürlich wußte sie, daß ihr all das nichts half, daß sie das Spiel verloren hatte. So wollte sie wenigstens an materiellem Gut retten, was zu retten war. Einen Tag vor Weihnachten 1713 ließ sie alles, was ihr kostbar erschien und was transportiert werden konnte, in eine Kutsche verladen und fuhr nach Pillnitz.

Den Schlüssel zum Palais hielt sie in ihrem Muff umklammert, trotzige Geste ihres Besitzanspruches. Doch auch das wird nichts helfen. Sie wird das Taschenberpalais nie wieder betreten.

Von nun an trennen sich die Schicksalswege des Hauses und seiner ersten Herrin. Für die Cosel folgte ein düsteres Jahr in Pillnitz, während dessen Anna Constantia zähe Verhandlungen mit den Beauftragten Augusts führte. Der König hatte nämlich das Palais nicht zurückverlangt, sondern er wollte es zurückkaufen. Hätte sich die Cosel in diesem Punkt konzilianter gezeigt, ihr Leben wäre vermutlich in eine andere Bahn gelenkt worden.

Stattdessen zeigte die gekränkte Frau nicht die Spur von Kompromißbereitschaft. Sie hatte das kostbare Haus vom König geschenkt erhalten. Nun verlangte die Beschenkte vom Schenkenden eine horrende Summe, die die finanziellen Möglichkeiten sogar des Königs überstiegen. Doch selbst angesichts dieser Unverschämtheit verloren die Emissäre Augusts nicht die Nerven. Sie bewilligten den geforderten Kaufbetrag, baten aber darum, ihn in mehreren Jahresraten zahlen zu dürfen.

Die Cosel sagte wieder nein, reiste stattdessen nach

Berlin, wo der Verwahrer des geheimen Ehevertrages wegen des Verdachts auf Homosexualität in der Festung Spandau einsaß.

Die Rückgabe dieses brisanten Kontraktes war August viel wichtiger als das Palais. Würde die Cosel dieses Papier öffentlich machen, hätte sein Ansehen ernstlich Schaden nehmen können. Dann wäre die Gräfin in der Lage gewesen, bei seinen politischen Gegnern, die gekrönte Häupter waren wie er, Protektion zu finden. Ihr Aufenthalt in Berlin, der sich auch noch aus ganz anderen Gründen als den von August vermuteten (die Cosel mußte den Vertragsverwahrer erst aus dem Gefängnis freikaufen) in die Länge zog, war dafür ein verdächtiges Indiz.

Die sächsische Regierung bot deshalb der Berliner an, die Cosel gegen preußische Deserteure auszutauschen. So geschah es dann auch.

Auf diese Weise hatte die Cosel auch das Nachgefecht um den Fortbestand ihrer Stellung als Mätresse verloren und bezahlte dies mit einer lebenslangen Haft in Stolpen.

Bald zog in das Palais am Taschenberg eine neue Herrin ein. Es war die Gräfin Dönhoff, Augusts neue Konkubine.

IHRE MAJESTÄT,
DIE KLEINE HÄSSLICHE
AUS WIEN

SIEHT man einmal von den Schwierigkeiten ab, die Wachablösung der Mätressen so zu organisieren, daß sich die Damen nicht gegenseitig die Augen auskratzten oder sich gar Schlimmeres antaten, so hatte Friedrich August vor allem ein Problem: Er verfügte über keine Landverbindung zwischen seinem sächsischen Kurfürstentum und seinem polnischen Königreich. Immer, wenn er von Dresden nach Warschau reisen wollte, mußte er Österreich beziehungsweise Preußen um Erlaubnis bitten.

Das war auf die Dauer ein demütigender Zustand. Einen solchen »Korridor« militärisch freizuschlagen, fehlte es der sächsischen Armee an kämpferischen Vermögen. Außerdem hätte eine solche Aktion Krieg mit einem seiner mächtigen Nachbarn bedeutet, und den wollte, den mußte August angesichts seiner unschmeichelhaften militärischen Erfahrungen mit Schweden auf jeden Fall vermeiden. Was die Armeeführung anlangte, war nämlich August keineswegs der Starke.

‚Was du nicht erstreiten kannst, kannst du vielleicht ererben‘, dachte der schlaue Fuchs. Zwar hatte ihm seine angetraute Christiane Eberhardine nicht allzu viel erotische Freude, aber doch immerhin einen Thronfolger geschenkt. Dieser spätere August III. war schon vor Jahren klammheimlich zum Katholizismus übergewechselt, was von seiner Mutter, die protestantisch geblieben war, mit Empörung und Trauer aufgenommen wurde.

Doch diese Konversion hatte den bemerkenswerten Nebeneffekt, daß nämlich eine Eheschließung mit einer ebenfalls katholischen Prinzessin ohne Probleme arrangiert werden konnte.

Die sächsischen Heiratsemissäre wurden schnell fündig. Sie präsentierten dem König einen Vorschlag, der seinen Beifall finden mußte: die österreichische Kaisertochter und Erzherzogin Maria Josepha.

Die junge Dame hatte Erbansprüche, und warum sollten diese, meditierte der starke August, nicht »zufällig« in einem Landstreifen zwischen Sachsen und Polen bestehen. Ja, diese Frau war die Richtige für seinen Sohn, auch wenn sie, wie seine Unterhändler vorsichtig andeuteten, aus der göttlichen Schale der Schönheit nicht viel abbekommen hatte!

Die Heiratsverhandlungen in Wien gingen zügig voran und führten schnell zum Erfolg. Blieb die Frage, wo das Kronprinzenpaar wohnen sollte. August senior hielt das Taschenbergpalais, aus dem die Dönhoff längst wieder ausquartiert worden war, für die geeignete Unterkunft. So arrivierte das Coselsche Haus vom Mätressendomizil zur Kronprinzenresidenz.

Die Zeit des Leerstands war dem Prachtbau nicht gut bekommen. Ein Teil des Gebäudes zeigte noch deutlich Spuren eines Brandes. Das Mobiliar befand sich – nicht zuletzt durch die Raffgier der Cosel – in einem jämmerlichen Zustand. 11 000 Taler mußte die Hofkasse aufwenden, um das Haus wieder instandzusetzen. Das Geld aber reichte nicht. August mußte noch über 30 000 Taler aus seiner privaten Schatulle drauflegen.

Die Gattin aus Österreich: Maria Josepha.

Im September 1719 war es dann schließlich soweit. Die Hochzeit konnte stattfinden. Das Fest, in Wien begonnen und in Dresden fortgesetzt, dauerte einige Tage, war exzessiv und übertrieben prunkvoll. Über die Elbe wurde extra eine Pontonbrücke errichtet, damit das junge Paar würdevoll ins Palais einziehen konnte.

Außerdem veranstaltete der königliche Schwiegervater der kleinen unansehnlichen Braut aus Wien anläßlich ihrer Eheschließung mit seinem Sohn jene

Kurfürst und König mit Kindersegen und als Kronprinz Bewohner des Palais: Friedrich August III.

berühmte Bergparade, an der eintausend Bergleute mitwirkten, auf Kulissen gemalte Gebirgslandschaften gezeigt und wasserspeiende Mundlöcher, ein in Betrieb befindlicher »Hoher Ofen« und eine Münzmaschine auf großen Wagen umhergefahren wurden. Man sprach davon, die orgiastisch-barocke Festivität habe zwei Millionen Taler verschlugen, was sicher übertrieben war. Jedenfalls nehmen sich gegenüber dieser Summe die 200 Taler, die Louis de Silvestre in gleichen Jahr für ein Gemälde für die Hauskapelle des Taschenbergpalais erhielt, geradezu wie ein Trinkgeld aus. Immerhin waren nach der Kronprinzenhochzeit die finanziellen Belastungen so hoch, daß der König Schulden machen mußte.

Der Prinz aus Dresden und die Prinzessin aus Wien paßten gut zusammen. Sie waren nämlich beide klein und dicklich, und von Schönheit konnte weder bei ihr noch bei ihm die Rede sein. Josephas Nase war etwas zu lang geraten, ihre Beine dafür etwas zu kurz. Und August junior sah man schon von weitem an, daß er in der Weltgeschichte keine Bäume ausreißen wird.

Das scheint aber die Leidenschaft des jungen Paares in keiner Weise gebremst zu haben, denn Josepha bekam ein Kind nach dem anderen. Das Taschenbergpalais war jahrelang ein kronprinzliches Entbindungsheim. Der Kindersegen war derart heftig, daß der Platz in dem geräumigen Haus nicht mehr ausreichte. Angrenzende Häuser mußten aufgekauft und in den Bau integriert oder mit ihm durch ummauerte Gänge verbunden werden.

August und Josepha haben dem Palais seine lebendigste Periode geschenkt. Das Haus war von Kindergebrüll und Babyplärren erfüllt – und vom Wehengeschrei der Prinzessin, wenn sie wieder einmal einen neuen Erdenbürger auf seinen Weg schickte.

Von Mätressen war im Taschenbergpalais von nun an nicht mehr die Rede, denn der junge Kronprinz hatte keine. Seine Josepha, die in Hofkreisen wegen ihres bigotten Katholizismus zuweilen etwas belächelt wurde, erfüllte vollständig seine erotischen Ambitionen.

Doch nicht nur darin unterschied er sich von seinem Vater. Es gebrach ihm vor allem an jenem Machtwillen, an jener Unrast des Herrschenden, die jeden Monarchen auszuzeichnen hatte, wollte er seines Amtes würdig sein. In diesem Punkt war der Kronprinz weder mit August dem Starken noch mit jenem König zu vergleichen, der später – verhängnisvolle Konstellation der Geschichte – sein politischer Kontrahent sein wird: mit Friedrich II. von Preußen.

Nein, dieser zukünftige Kurfürst hatte mit dem Zepter und den Pflichten, die sich mit ihm verbanden, eigentlich nicht viel im Sinn. Er zog es vor, christlicher Familienvater zu sein, mit seinen Kindern auf den berühmten Treppen des Taschenbergpalais herumzutollen, den Künsten zu huldigen, sehr teuere Gemälde aufzukaufen und ansonsten den Herrgott einen frommen Mann sein zu lassen.

Verständlicherweise machte sich Vater August Sorgen, ob sich der Sohn später seinen Herrscheraufgaben gewachsen zeigen würde. Mit Gemälden allein, die das Taschenbergpalais in eine Art Kunstgalerie verwandelten, waren die expansiven Gelüste Preußens kaum im Zaum zu halten. Und ob die polnische Königskrone unter solchen Bedingungen dem sächsischen Hause würde auf Dauer gesichert werden können – daran wagte der alternde Monarch gar nicht zu denken.

Selbst der Fortgang seiner Baumaßnahmen in der Elbresidenz machte ihm Sorgen. 1726, als August der Starke von heftiger Todesahnung geplagt wurde, schrieb er an seinen Sohn: »Ich habe mehrere Bauten projektiert zur Verschönerung der Hauptstadt und ihrer Umgebung und zur Satisfaktion seiner Nachfolger. Ich wünsche sehr, daß Ihr diese Pläne ausführt. Ihr könnt dazu die 100 000 Taler verwenden, die ich pro Jahr für Bauten ausgesetzt habe.«

Sieben Jahre, nachdem dieser Brief geschrieben worden war, schloß August II. am 1. Februar 1733 in Warschau für immer die Augen. Bis zu dieser Zeit führte der zukünftige Kurfürst und potentielle polnische König in den Gemäuern des prunkvollen Palais ein eher kleinbürgerliches Leben.

Gewiß, ein Schneidermeister in der rechtselbischen Neustadt hätte für ein Gemälde bei weitem nicht so viel Geld ausgeben können wie des starken Augusts Sohn. Aber hätte man die beiden am frühen Abend gleichzeitig zu beobachten vermocht, die Szenerien wären sehr ähnlich gewesen. Da saß ein Familienvater von seinen Kinderchen umringt, nahm seinen Feierabendtrunk, scherzte mit seinem Weibe und dankte schließlich Gott für einen friedvollen, von Aufregungen freien Tag.

Zu den folgenschweren Trugschlüssen in des Kronprinzen Leben gehörte, daß er dieses idyllische Leben im Taschenbergpalais wider besseres Wissen nicht als endliche Zwischenstation, sondern als Dauerzustand begriff. Er wußte zwar, daß sich dieser Zustand schlagartig ändern konnte, aber seine gelegentlich melancholische Trägheit verbot es ihm, dieser Tatsache ins Auge zu sehen.

Doch am 22. Februar 1733 holte die unerbittliche Wirklichkeit den kunstversunkenen Träumer ein. Gegen Mittag wurde dem Kronprinzen gemeldet, daß im Vestibül des Palais Graf Heinrich von Brühl, soeben aus Warschau eingetroffen, warte und dem neuen Kurfürsten – der Diener machte eine tiefe Verbeugung an dieser Stelle – um Audienz bitte, um ihn als Herrscher seine Aufwartung zu machen.

Neuer Kurfürst? Friedrich August blieb das Herz stehen. Seit Jahren wußte er, daß dieser Tag kommen würde, doch seine völlig andersartige Interessenlage hatte ihn daran gehindert, sich auf ihn auch nur oberflächlich vorzubereiten. Die neue Lage traf ihn wie ein Blitz aus heiterem Himmel.

So wie die Dinge lagen, hätte er seinem Vater ein ewiges Leben gewünscht. Doch das war drei Wochen zuvor keineswegs überraschend zu Ende gegangen. Und nun stand der Erbprinz da und hielt statt einer elfenbeingeschnitzten Schachfigur oder einer schön gemalten Miniatur plötzlich die Macht in der Hand, mit der er ebenso wenig anzufangen wußte, wie wenn sich der Teich von Moritzburg plötzlich in den Atlantik verwandelt hätte.

Als er hinunter zu Brühl ging, ahnte er nicht im entferntesten, daß der Abstieg über Pöppelmanns berühmte Treppe sein eigener Abstieg sein würde, sein schwerer Weg in die geschichtliche Bedeutungslosigkeit, sein Eintauchen in die Rolle des ewigen Verlierers. Die Ära, die in dieser Stunde begann, wird nicht seinen Namen tragen, sondern den des Mannes, der jetzt geduldig auf ihn wartete. Nicht seiner wird man später gedenken, sondern jenes anderen. Über ihn wird man Bewunderung äußern, aber auch abschätzig urteilen und sich über ihn moralisch entrüsten. Man wird über den anderen noch reden, streiten und schreiben, wird ihn verherrlichen und verabscheuen, wenn vom eigentlichen Träger der Krone kaum noch die Rede sein wird.

Brühl stand in gespannter Erwartung da. Um seinen neuen Herrn die ihm gebührende Ergebenheit zu beweisen, hatte er aus Warschau, wo der starke August – wenigstens nach des Grafen eigener Darstellung – in seinen Armen gestorben war, die wichtigsten Papiere, die Juwelen und die Kron-Insignien mitgebracht, die er dem neuen Herrscher unter wiederholter Beteuerung seiner unbedingten Treue feierlich übergab.

Doch das sollte nach seinen eigenen Plänen das einzige sein, wovon er sich zu trennen, was er herzugeben beabsichtigte. Wenn es stimmt, was später – freilich vor allem von preußischer Seite – unentwegt behauptet wurde, dann ging sein ganzes Trachten dahin, auf den neuen Herrscher mindestens den gleichen – womöglich noch mehr – Einfluß zu gewinnen als auf den alten. Zwar war die »Stelle« des ersten Günstlings im Umkreis Friedrich Augusts mit dem Grafen Sulkowski bereits besetzt, aber Brühl soll als Dreiunddreißigjähriger die ungestüme Kraft besessen haben, alles, was sich ihm auf dem Weg zu Macht, zu Einfluß und vor allem zu Geld in den Weg stellte, mit nicht immer feinfühliger Vehemenz beiseite zu schieben.

Von diesem Februartag des Jahres 1733 an werden die beiden dreißig Jahre lang in einem Boot sitzen. Aber der Steuermann dieses Bootes wird nicht der sächsische Kurfürst und der ein Jahr später in Polen gekrönte König sein, sondern Brühl.

Glücklicherweise wußte der Graf damals noch nicht, was sein großer, ihm an politischer Denkkraft scheinbar haushoch überlegener Kontrahent, »Friedrich der Große«, später recht feindseelig schreiben wird: »Von Charakter ist Graf Brühl feige und geschmeidig, schurkisch und verschmitzt; er hat weder Geist noch Gedächtnis genug, um seine Lügen zu verstecken, er ist doppelzüngig, falsch, Verräter.« Aber all das wird bei dieser denkwürdigen ersten Begegnung im Vestibül des Taschenbergpalais noch ferne Zukunft sein. Zunächst galt es, Unmittelbares zu besprechen. Dazu gehörte vor allem auch der notwendig werdende Umzug hinüber ins benachbarte Schloß. Friedrich August II. trennte sich ungern von den gewohnten Räumen des Palais. Hier hatte er die glücklichsten, von keiner Verantwortung belasteten Jahre seines Lebens verbracht, hier hatte er mit seiner kleinen, dicklichen Prinzessin aus Wien insgesamt fünfzehn Kinder gezeugt, von denen fünf das Kindesalter nicht überlebten.

Es wird dennoch eine große Familie sein, die bald das alte Domizil verläßt, über dessen Schwelle zu Friedrich Augusts II. Zeiten keine einzige Mätresse ihren Fuß setzte.

Der Hof gönnte dem Palais vierzehn Jahre Ruhe, bis 1747 der neue Kronprinz Friedrich Christian einzog, an seiner Seite seine junge Frau, eine robuste und energische Bajuwarin: Maria Antonia, Kaisertochter aus München. Sie wird der erste weibliche Finanzminister einer deutschen Regierung werden. Und Sachsen wird es dann bitter nötig haben.

EINE FRAU WIRD FINANZMINISTER

𝒜LS im Sommer 1747 der fünfundzwanzigjährige sächsische Kronprinz Friedrich Christian mit seiner jungen Frau Maria Antonia aus Bayern in das Taschenbergpalais einzog, schrieb in Paris der dortige Parlamentspräsident und spätere berühmte französische Aufklärer Charles-Louis de Montesquieu die letzten Seiten an seinem zweibändigen Werk »Der Geist der Gesetze«, an dem er vierzehn Jahre lang gearbeitet hatte.

Nach seinem Erscheinen 1748 setzte das Buch eine Diskussion in Gang, die an rebellischer Sprengkraft für die damalige Zeit kaum zu übertreffen war. Da wurden am Seine-Fluß Dinge in Frage gestellt, über die man an der sächsischen Elbe nicht einmal heimlich nachzudenken wagte.

In das Schußfeuer der aufklärerischen Meditationen geriet neben vielem anderen auch das sogenannte Gesetz der Primogenitur, die Regel also, nach der der jeweilige Herrscher seinem erstgeborenen Sohn die Macht im Staat zu vererben hatte.

Es kam nicht darauf an, daß der junge Träger der Krone intelligent genug war, sein hohes Amt auch auszufüllen, er konnte faul, desinteressiert, er mochte krank und schwächlich sein. Das alles spielte keine Rolle, er mußte nur der Erstgeborene sein. Ein genetischer Zufallstreffer wurde zum unanfechtbaren Schlüsselereignis auf dem Weg zur monarchischen Macht.

Jahrhundertelang mühten sich Scharen von Herrschern in den Betten ihrer oft ungeliebten Gattinnen ab, männliche Sprosse in die Welt zu setzen. Und wehe der Fürstengemahlin, die nur weibliche Nachkommen gebar oder womöglich gar unfruchtbar war! Schicksalsschläge dieser Art konnten die Staatsschiffe, ob sie groß waren oder klein, arg ins Schlingern bringen.

Manchmal freilich spielte die Natur dieser Regel des Zufalls noch einen zusätzlichen Streich. August der Starke wäre beispielsweise nie Kurfürst und König geworden, wenn sein älterer Bruder seine Mätresse nicht so geliebt hätte, daß er, als sie an Pocken verstorben war, ihre Leiche heftig küßte, sich ansteckte und dabei selber zu Tode kam. Die Primogenitur wurde also durch den Liebesleichtsinn des Erstgeborenen außer Kraft gesetzt. Einer der fähigsten sächsischen Kurfürsten verdankte seine Macht der Wagners »Tristan« vorwegnehmenden, romantischen Liebestodverklärung seines Bruders.

Für Montesquieu war Sachsen viel zu weit weg und letztlich wohl auch zu unbedeutend, als daß er die dynastischen Wechselfälle am Dresdner Hof in seinem Buch hätte in Betracht ziehen wollen. Stoff für seine rebellische Polemik gegen die Primogenitur hätte er hier ausreichend gefunden.

Das bezog sich vor allem auch auf den neuen Bewohner des Taschenbergpalais, auf Friedrich Christian. Auch er war wie sein berühmter Großvater keineswegs der Erstgeborene gewesen. Als dritter Sohn hätte er sich nicht die geringste Hoffnung auf die Krone machen können. Aber seine beiden älteren Brüder starben bereits in sehr jungen Jahren und machten damit Friedrich Christian den Weg zur

Kurfürst für weniger als ein Jahr: Friedrich Christian.

Macht frei – freilich nur dann, wenn dieser selbst bis zur Sterbestunde seines Vaters am Leben blieb.

Und in dieser Hinsicht hatte die kurfürstliche Familie erhebliche Befürchtungen. Friedrich Christian war ein freundliches Kind gewesen, dem Leben aufgeschlossen und durchaus nicht unintelligent. Aber er hatte ein entscheidendes körperliches Gebrechen. Er war an beiden Füßen gelähmt und konnte sich kaum ohne fremde Hilfe bewegen. Auch sonst war dies ein äußerst schwächlicher junger Mann, der von einem Heilbad ins andere geschickt wurde, ohne daß davon Besserung kam.

So dachte seine Mutter, die fromme Maria Josepha aus Wien, schon darüber nach, den kränklichen Sohn eine geistliche Laufbahn nehmen zu lassen. Doch dann starben die beiden Älteren, und es stand danach außer Frage, daß der liebenswürdige Krüppel später Kurfürst werden würde, ob er körperlich dazu in der Lage wäre oder nicht.

Aus diesen Erwägungen heraus suchte man für Christian eine Frau, die das besaß, woran es jenem gebrach: körperliche Intaktheit, Energie, robuste Gesundheit. Man fand diese Eigenschaften in der Tochter des bayerischen Kurfürsten und kurzzeitigen Kaisers Karl VII. Albert. Diese Maria Antonia, die der spätere sächsische Kurfürst 1747 heiratete und damit zur neuen Herrin im Taschenbergpalais machte, war eine äußerst agile Frau. Sie verfügte über bajuwarischen Humor und jenen ungetrübten Realitätssinn, den man offenbar nirgendwo besser erwirbt als in München, wo sie großgeworden war.

So nahm sie Dinge in ihrer Umgebung wahr, die ihr junger Ehemann schon aus Familienblindheit, wenn überhaupt, dann nur unscharf registrierte: das buchstäbliche Ausgeliefertsein ihres Schwiegervaters an den Grafen Brühl, dessen inkonsequente Haltung in den Auseinandersetzungen um Schlesien, die wachsende Korruption und Vetternwirtschaft, die den Staat und seine Kassen aushöhlten. Vor allem aber sah sie, welch schlechte Karten Sachsen in der Auseinandersetzung mit Preußen und seinem dynamischen König besaß.

Als nach sechseinhalbjähriger, keineswegs freiwilliger Abwesenheit Maria Antonias kurfürstlicher Schwiegervater im April 1763 zusammen mit seinem Günstling, dem Grafen Brühl, aus Warschau nach

Dresden zurückkehrte, hatte die junge Frau im Taschenbergpalais einen besseren Einblick in die wirkliche politische und wirtschaftliche Lage Sachsen als der Heimkehrer nebenan im Schloß. Aus ihrer Feder hätte stammen können, was ein Zeitgenosse über die Situation im Lande nach dem Siebenjährigen Krieg niederschrieb:

»Jedermann erkannte Sachsens Niedergang, Mutlosigkeit war davon die Folge bei den Untertanen, Verlust jeder Achtung bei den Fremden. Einen geschwächten, fast vernichteten Staat... Ohne die Verbindung zu Polen und ohne die persönlichen Beziehungen seines Herrschers würde er in der Politik gar nichts mehr bedeuten. Die Abspannung aller Kräfte des Herrschers, die Vernachlässigung aller Zweige der Verwaltung, eine vollständige Verwirrung, eine Unordnung, deren Ende nicht abzusehen war, die Erschöpfung aller öffentlichen Kassen, Mißtrauen und Kreditschwierigkeiten unter den Privatleuten...«

Letzteres betraf alle – außer Graf Brühl. Maria Antonia beobachtete mit Argwohn, wie der einstige Silberpage sein prächtiges Palais aus Staatsmitteln wiederherrichten ließ, während für die Sanierung des Schlosses jene »Kreditschwierigkeiten« überwunden werden mußten, von denen der Chronist sprach. Doch noch lag die Macht auf der anderen Seite, auf der des Kurfürsten und Brühls.

Doch der Wechsel war nur noch eine Frage der Zeit. Friedrich August II., der nie ein Ausbund eigenständiger Energie gewesen war, sah sich von der Aufgabe, das Kurfürstentum aus der Talsohle seiner Existenz zu führen, maßlos überfordert. Die Überforderung schlug sich auf seine Gesundheit, er begann zu kränkeln. Er starb am 5. Oktober 1763.

Für Brühl war klar, daß mit dem Tod seines Herrschers auch seine Zeit abgelaufen war und daß der Nachfolger im Taschenbergpalais samt seiner energischen Frau nicht auf seiner Seite stehen würden. Wenige Tage nach dem Ableben seines Herrn, der ihm mehr zu Diensten war als er ihm, ersuchte er, von all seinen Ämtern und Würden entbunden zu werden. Sein Antrag wurde bewilligt. Man beließ ihm nur die Präsidentenstelle im Geheimen Rat, ein Posten, der ihm jährlich 8000 Reichstaler einbrachte, eine geradezu lächerliche Summe, wenn man bedenkt, daß er in seinen besten Zeiten täglich 2000 Reichstaler einnahm.

Die psychische Last des Niedergangs schlug sich auf Brühls Physis. Er starb nur fünfzehn Tage nach dem Kurfürsten.

Damit war der Weg frei für den inzwischen zweiundvierzigjährigen Friedrich Christian und seine energische Frau. Wieder stand ein Umzug vom Taschenbergpalais ins Schloß an, ein Umzug freilich für nur kurze Zeit.

Denn schon im Dezember des selben Jahres erkrankte Friedrich Christian an den Pocken. Sein schwächlicher Körper widerstand der Infektion nur wenige Tage. Dann schlossen sich im Sterbezimmer des Schlosses die schweren Vorhänge.

Am letzten Advent des Jahres sah man eine in Schwarz gehüllte Frau langsamen Schrittes vom Schloß hinüber zum Taschenbergpalais gehen. Schwermütig schaute Maria Antonia über die langen Fensterfronten, lief durch die Räume, die sie erst vor wenigen Wochen verlassen hatte, und beschloß, das Haus zu ihrem Witwensitz zu machen.

Auf der Treppe blieb sie stehen. Die Tränen legten

einen Schleier über ihren Blick. Ohne Zorn, aber mit tiefer Traurigkeit stellte sie fest, daß sie in über sechzehnjähriger Ehe an der Seite dieses Mannes nur wenig Glück gehabt hatte.

Als sie ihn heiratete, hatte der Konflikt mit Preußen bereits wie ein Krebsgeschwür zu wuchern begonnen. Dann kam der Siebenjährige Krieg, der das Land verwüstete und in eine tiefe wirtschaftliche und finanzielle Krise stürzte. Doch trotz all dieses Ungemachs, trotz der preußischen Kanonaden harrte sie, während sich ihr Schwiegervater mit Brühl in Warschau in Sicherheit wußte, mit ihrem Friedrich Christian im Taschenbergpalais aus.

Sie hatte ihrem Mann eine ganze Zahl von Kindern geschenkt, von denen fünf die gefährliche Zeit des Säuglingsalters überlebten. Doch auch darin hatte sie, wie sich nun zeigte, kein Glück gehabt; denn ihr Ältester, Friedrich August, war zu dem Zeitpunkt, als sein Vater so plötzlich starb, erst dreizehn Jahre alt. Bis zu seiner Volljährigkeit würde also ein anderer die Regierungsgeschäfte vormundschaftlich übernehmen müssen. Das konnte als ältester Agnat nur ihr Schwager, der damals 42jährige Prinz Xaver sein.

Wie würde sie mit ihm auskommen? Würden die Rivalitäten in Grenzen zu halten sein? Würde er seine von vornherein auf fünf Jahre begrenzte Regierungszeit nicht allzu sehr mit Dingen belasten, die ihrem Sohn die Übernahme der Macht bei Erreichen der Volljährigkeit erschwerten?

Maria Antonias Befürchtungen erwiesen sich zunächst als völlig unbegründet. Im Gegenteil. Xaver warb geradezu um die Gunst der Kurfürstenwitwe. Er bat sie zu den Konferenzen des Ministerkollegiums und übertrug ihr die Direktion des Finanz- und

Kurfürstin Maria Antonia, Gattin Friedrich Christians.

Kassenwesens. So wurde das Taschenbergpalais zum Wohnsitz des ersten weiblichen Finanzministers einer deutschen Regierung. Maria Antonia hat diese Amt hervorragend verwaltet, und das in einer Zeit, als an allen Ecken gespart werden, als der Verwaltungsapparat vom Gespinst eines nur auf den eigenen Vorteil bedachten Beamtentums befreit werden mußte, als es schon fast ein Abenteuer war, jährlich wenigstens die Zinsen für die hohen Staatsschulden aufzubringen. Die Kurfürstenwitwe verstand sich glänzend darauf, das Geld zusammenzuhalten, jedenfalls solange, wie sich bald zeigen sollte, es nicht ihr eigenes war.

Sonderbarerweise hegte Friedrich der Große, der einstige politische und militärische Widersacher, der von Frauen nur schwer zu beeindrucken war, eine von hohem Respekt getragene Sympathie für die sächsische Kurfürstenwitwe. Die beiden führten sechzehn Jahre lang eine von gegenseitigen Komplimenten geschmückte Korrespondenz mit einander. Er bezeichnete seine Briefpartnerin als »gelehrteste und aufgeklärteste Fürstin Europas«, gewiß ein übertriebenes, aber für den Weiberverächter ungewöhnliches Kompliment. Friedrich bekannte Maria Antonia seinen geheimsten Gedanken, sogar seine »urkommunistischen«: »Zwei unglückselige Worte, ‚mein' und ‚dein', haben alles verdorben; aus ihnen entsprangen Eigensucht, Neid, Ungerechtigkeit, Gewalttätigkeit, alle Verbrechen.«

Maria Antonia durfte den Preußenkönig zweimal in Sanssouci besuchen, eine Gunst, die er nicht einmal seiner eigenen Ehefrau gewährt hatte.

Ob es diese private sächsisch-preußische Allianz war, die Prinz Xaver verstimmte, oder ob es daran lag, daß er mit jedem Kalenderblatt das Ende seiner Regierungszeit herannahen sah – jedenfalls kompensierte er seine unerquickliche Situation damit, daß er sich zu immer distanzierteren, unpersönlicheren Herrschaftsformen entschloß. Schließlich durften seine Minister nur noch schriftlich mit ihm verkehren, Kabinettssitzungen gab es nicht mehr, und auch die Beziehungen zum zukünftigen Regenten und seiner Mutter wurden von Monat zu Monat schlechter. Außerdem hatte er in dieser Zeit gerade eine bildschöne spanische Gräfin kennengelernt, die er später heiratete und die ihm aber schon damals offenbar zu der Erkenntnis verhalf, daß das Leben aus mehr bestehen kann, als einen verschuldeten Staat aus den roten Zahlen zu treiben. Jedenfalls legte er alle seine Ämter im September 1768 nieder, drei Monate, bevor Friedrich August volljährig wurde. Xaver überließ das Land für ein Vierteljahr einer Art Interregnum.

Als Friedrich August III. am Tage seiner Volljährigkeit die Macht übernahm, machte er bald eine verblüffende Entdeckung: Seine Mutter, die Frau Finanzminister, konnte im privaten Bereich nicht mit Geld umgehen; sie lebte in ihrem Taschenbergpalais weit über ihre Verhältnisse.

Um das schlimmste zu verhüten, erhöhte der junge Kurfürst kurz nach seinem Regierungsantritt die Apanage seiner Mutter von 60 000 auf 130 000 Taler. Doch auf Dauer half selbst das nicht.

Maria Antonia hatte sich in oft abenteuerlichen Wirtschaftsunternehmen engagiert; sie gründete Fabriken, die bald Pleite machten; förderte Scharlatane und »Geheimagenten«, von denen sie betrogen wurde.

So wie das Taschenbergpalais an äußerem Glanz verlor, so verlor seine Herrin an innerem. Nur selten noch flammte ihr alter Ehrgeiz auf, nur selten noch fand sie Antworten auf die neuartigen Fragen der sächsischen Politik. Das einzige, was ihr treu blieb, war ihr permanenter Geldmangel. Er verfolgte sie bis in die Jahre, in denen ihr Leben immer mehr zum Schattendasein wurde, umweht vom Odium der Bedeutungslosigkeit. Er war auch an ihrer Seite, als sie glücklos und keineswegs schuldenfrei starb.

Es ist, als ob das Taschenbergpalais das Schicksal

seiner letzten Herrin hat teilen wollen. Denn auch das einst prunkvolle Haus wurde immer mehr zum matten Abglanz seiner früheren Pracht. Der kurfürstliche Hof hatte für den Bau keine so rechte Verwendung mehr, obwohl es an wiederholten Umbauten nicht fehlte. Gewiß übernachteten gelegentlich ein paar hohe Herren, bei denen es zum offiziellen Staatsgast nicht reichte, in den allmählich verfallenden Räumen.

Aber was war das schon gegen die Zeit, als die schöne Cosel mit zwei Königen an ihrer Seite die Treppe herabgeschritten kam?

Mythologische Figur als Leuchtenträger.

»CHEVIN« ODER:
DER ZWEITE TOD
DER GRÄFIN COSEL

𝒟IE Cosel hatte das Taschenbergpalais über alles geliebt, es war für sie das zu kunstvollem Stein gewordene Denkmal ihre Liebe, Reminiszenz an das wunderbarer Frühlingspfingstfest in Karlsbad, lebendige Erinnerung an glanzvolle Bälle und Konzerte, an intime Stunden mit August, an die Ausgelassenheit der Tanzspiele zum Rosenmontag.

Der 12. Februar 1945 war auch ein solcher Rosenmontag. Doch bei den einfachen Leuten von Dresden war Karneval schon immer ein Stiefkind unter den Jahresfesten gewesen, und in einer Zeit des Mangels an allem und jedem, die damals herrschte, wurden sich die meisten Elb-Florentiner gar nicht bewußt, daß sie eigentlich »närrisch« zu sein hatten. »Carne vale« heißt »Fleisch ade!« Du meine Güte, die meisten Dresdener, von den wenigen im Umkreis von Nazi-Gauleiter Mutschmann einmal abgesehen, hatten dem Fleisch längst sehr unfreiwillig ade gesagt. Was sollte da noch gefeiert werden?

Außerdem war die Stadt von Flüchtlingen und von den zurückflutenden Teilen der geschlagenen deutschen Wehrmacht bis zum Rande überfüllt. Selbst im Heim der weltberühmten Tänzerin Gret Palucca wohnte fast ein Dutzend ihr teilweise stockfremder Menschen.

Nur das Taschenbergpalais, in den letzten Jahrzehnten ein immer morbider werdendes Gästehaus für mittelrangige Prominenz, hatte keine Einquartierung. Dafür gab es einen einfachen Grund: Militärverwaltung und faschistische Geheimpolizei hatten hier Quartier gefunden. Im einstigen Prachthaus der Gräfin Cosel saßen nunmehr Leute, die die geheimen Pläne zur Leichenbeseitigung nach einem alliierten Luftangriff unter peniblen Verschluß hielten.

Aber im Grunde genommen glaubten weder die Herren von der Geheimpolizei noch die einfachen Dresdner Bürger an einen massiven Luftangriff des »Feindes«. Sie begründeten ihre Zuversicht mit phantastischen Legenden. Es gäbe, meinten die einen, ein stillschweigendes Abkommen zwischen der Nazi-Führung und der Churchill-Administration, daß Dresden verschont würde, wenn die Deutschen dafür nicht Oxford angriffen. Andere waren überzeugt, daß eine Tante des englischen Premiers in der Nähe von Dresden wohne und deshalb Elb-Florenz nicht ernsthaft bombardiert würde.

So sicher man war, daß keine Bomben vom Himmel fielen, so sicher war man andererseits auch, daß die Russen unaufhaltsam von Osten her auf die Stadt zurückten. Dresden fürchtete sich nicht vor den Bombern der Royal Air Force, sondern weit mehr vor der Artillerie und dem anschließenden Einrücken der Roten Armee und ihrer vandalierenden Infanterie.

Unter diesem Aspekt kann man den Herren von der Gestapo schon verstehen, der am frühen Abend des 13. Februars, dem Fastnachtsabend, das Haupttor des Taschenbergpalais abschloß. Als er über den Theaterplatz lief, der damals Adolf-Hitler-Platz hieß, war ihm mehr darum zu tun, seine bald sehr gefährlich werdende Identität zu tilgen, als sich um einen bombensicheren Luftschutzraum zu kümmern.

Er vergrub, nachdem er sein Konterfei aus der Klappkarte entfernt hatte, das bildlose Dokument in einem Sandeimer, von denen es viele im Zentrum gab, aufgestellt, um einer möglichen Bombenkatastrophe dilettantisch Herr zu werden. Sein Foto warf er in die Elbe und ließ es in Richtung Hamburg treiben, wohin er selber allzu gerne entschwommen wäre; denn eines stand für ihn fest, dorthin würden die Russen nicht kommen. Und vor den Russen hatte auch er, offenbar mit gutem Grund, unheimliche Angst.

Diese Angst war unbegründet. Er hätte sich eher vor den Briten fürchten sollen. Denn wenige Stunden, nachdem der Geheimpolizist seine amtliche Identität zwischen Taschenbergpalais und Elbe tilgte, wurden die meist jungen Bomberpiloten der Grafschaft Lincolnshire zu jenem routinemäßigen Zeremoniell versammelt, das sie »briefing« nannten und das (brief heißt auf englisch kurz) eine komprimierte Darstellung des nächsten nächtlichen Angriffsziels beinhaltete.

Die meisten der Flieger hatten natürlich von Dresden irgendwann in ihrem Leben schon einmal gehört, aber über Einzelheiten der Stadt, von ihren unersetzlichen Kunstschätzen, war ihnen noch nie Näheres zu Ohren gekommen.

Das »briefing« kalkulierte diese Unwissenheit bewußt ein. In ihm gab es weder einen Zwinger noch eine Gemäldegalerie noch ein Taschenbergpalais.

Was die Bomberpiloten zu hören bekamen klang so, als hätte die Stadt an der Elbe weit weniger Geschichte als beispielsweise Manchester. Der Text hatte folgenden Wortlaut:

»*Dresden, die siebentgrößte Stadt in Deutschland und*

nicht viel kleiner als Manchester, ist das größte bebaute Gebiet des Feindes, das bisher nicht bombardiert wurde. Mitten im Winter, als Flüchtlinge westwärts strömen und die Truppen Ruhe brauchen, gibt es kaum noch Unterbringungsmöglichkeiten. Nicht nur Arbeiter, Flüchtlinge und Truppen beherbergt die Stadt, sondern auch die Verwaltungen, die aus anderen Gebieten verlagert wurden. Einst bekannt für sein Porzellan (hier liegt offenbar eine Verwechslung mit Meißen vor), *hat sich Dresden zu einem Industriezentrum ersten Ranges entwickelt und verfügt wie jede andere große Stadt über eine Vielzahl von Telefon- und Eisenbahneinrichtungen, die für die Verteidigung der Front, der durch Marshall Koniews Durchbruch bedroht ist, von größtem Wert ist. – Der Sinn des Angriffs ist, zum einen den Feind dort zu treffen, wo er es am meisten spüren wird: hinter einer teilweise schon zusammengebrochenen Front. Zum anderen soll die Stadt für den Feind in Zukunft keinen Nutzen mehr haben, und nebenbei zeigt der Angriff den Russen bei ihrer Ankunft, wozu Bomber Command fähig ist.«*

Die gesamte Aktion lief unter dem Decknamen »Chevin«, dem Codewort für Dresden. Der Chevin-Befehl lautete kurz, bündig und verheerend: »To destroy built up area and associated industries and rail facilities.« (Zerstörung der bebauten Flächen und angrenzender Industrie- und Eisenbahnanlagen.) Wieder war nicht davon die Rede, daß die jungen Männer in den Bombern im Begriff standen, mit den »bebauten Flächen« ein Stück Kulturerbe der Menschheit dem Erdboden gleichzumachen.

Und es gab noch einen anderen fatalen Hintergrund für den Angriff. Churchill traf im Januar 1945 seine politischen Vorbereitungen zur Reise nach Jalta, der letzten Konferenz der Alliierten vor der Kapitulation Hitler-Deutschlands. Bei dieser Gelegenheit wollte er Stalin beweisen, daß die allenthalben geäußerte Rüge, die westlichen Verbündeten würden den Kampf der Russen zu wenig unterstützen, nicht zutreffend wäre. In Hinblick auf seine Gespräche mit der britischen Militärführung, notierte Churchill am 26. Januar: »Ich fragte, ob Berlin und zweifelsohne andere große Städte in Ostdeutschland jetzt nicht als besonders attraktive Ziele zu betrachten sind. Ich bin froh, daß dies jetzt überprüft wird. Ich hoffe, ich bekomme morgen Bericht, was unternommen werden soll.«

Er bekam ihn. Dresden stand von da an in der Zielliste des Bomber Command an allervorderster Stelle. Die Aktion Chevin war in Gang gesetzt. Churchill würde in Jalta eine gute Figur machen.

Der Zeitplan sah für das Bombardement die Nacht vom 13. zum 14. Februar vor, der Angriff sollte ausschließlich von den Briten geflogen werden, am nächsten Tag sollten die Amerikaner die Trümmerwüste noch einmal »umpflügen«.

Das einzige, was die Briten hätte abbringen können, in dieser Nacht Tausenden Menschen, dem Taschenbergpalais und den anderen Kunstschätzen den Tod zu bringen, wäre das Wetter gewesen.

Doch die englischen Meteorologen, exzellente Fachleute auf ihrem Gebiet, hatten am Vortag »gute« Nachrichten für das Bomber Command. Der Wetterbericht war für »Chevin« günstig. Für Dresden wurde vorausgesagt, daß zwischen 22.00 und 2.00 bzw. 3.00 Uhr die winterliche Wolkendecke so dünn sein würde, daß einem gezielter Angriff nichts im Wege stünde. Danach wäre die Stadt wieder von dichteren Wolken bedeckt.

Kaum war dies bekannt, lief ein Fernschreiben an alle Bomberbasen, die für den Angriff vorgesehen waren:

»Chevin, erster Angriff. 22.15 Uhr –

Chevin, zweiter Angriff 01.30 Uhr«

Die Flieger waren pünktlich. Bereits 22.03 waren die »Pfadfinder«, jene Maschinen, die die Stadt mit »Christbäumen« beleuchten sollten, über der Elbe: das Taschenbergpalais im gespenstisch-kalten Glanz. Weniger als zehn Minuten später hatte das fahle Licht einen Effekt erzeugt, den sich die Cosel immer gewünscht hatte: ihr schönes Zuhause einmal in voller Größe von außen beleuchtet zu sehen.

Es war in Wirklichkeit ein Leichenlicht. Denn kurz danach hatten die Bomberpiloten ihr Zielgebiet erreicht. Sie warfen ihre tödliche Ladung und hatten dabei nur einen Wunsch im Herzen, die heimatliche Insel unversehrt zu erreichen.

Wieviel Bomben das Taschenbergpalais trafen, weiß heute keiner mehr. Als jedenfalls der Aschermittwoch graute, standen von dem Haus nur noch jämmerliche Reste der Außenfassade. Die Amerikaner hätten sich ihr »Umpflügen der Trümmer« am nächsten Tag sparen können, es war ohnehin alles dahin.

Das Taschenbergpalais starb in dieser Nacht einen – darf man so sagen? – stillen Tod. Die Schreie der vom Erstickungstod bedrohten Menschen kamen von ganz woanders her.

Vielleicht gellte in diesem Augenblick nur ein lautes Weinen zum Himmel, ein Jammern, das aus dem Turmgefängnis von Stolpen kam und über die Jahrzehnte eine barbarische Gegenwart erreichte. Vielleicht hätte die Cosel in diesem Augenblick, als ihr Palais in Trümmer versank, gesagt:

»Mag sein, daß ich gesündigt habe, vielleicht hätte Karlsbad nicht sein sollen, und das Eheversprechen hätte ich dem August sicher nicht abnehmen sollen.«

»Sollte es unmoralisch sein, was ich getan habe,« könnte die Cosel fortfahren, »um wieviel unmoralischer sind jene, die mein Palais dieser Bedrohung aussetzten, weil sie einen Krieg über Europa zogen, das meine Heimat war, und deren Brandschatzerei dorthin zurückkehrte, wovon sie ausgegangen war.

Mein August wollte einen Korridor nach Polen.

Und was ist nun geschehen? Mein schönes Haus, der Traum meiner ersten Nacht mit dem Kurfürsten in Karlsbad, ist nichts weiter, als ein Korridor ins Nichts.«

In diesem Zorn starb die Cosel vermutlich ihren letzten Tod. Sie durchlebte ihn vielleicht in der Gewißheit, daß auch für ihr Palais wie für sie selber keine neue Stunde schlagen würde.

Doch darin hatte sie sich geirrt.

DER SCHWERE WEG
AUS DEN SCHUBLADEN

$\mathcal{D}$AS Ende des Krieges sah ganz so aus, als wäre es auch das Ende von Dresden. Die neuen Machthaber, abhängig von den sowjetischen Besatzungsbehörden, abhängig aber auch vom eigenen Zutrauen und ungeübt in der Handhabung der administrativen Instrumentarien, verwalteten praktisch einen gigantischen Trümmerhaufen. Es gab nichts, an dem es nicht mangelte.

Dresden war schon oft verheert worden, vor allem im Dreißig- und im Siebenjährigen Krieg. Aber die damaligen Trümmerfelder, sofern sie auf alten Abbildungen überliefert sind, wirken beinahe lächerlich gegen das Meer aus Stein und Geröll von 1945 und gegen die Wüstenei in den Seelen der Menschen. Alles, was Dresden zum Elbflorenz gemacht hatte, der Zwinger, das Schloß, die Semper-Oper, das Taschenbergpalais, lag in Asche.

Zwar wurde der Zwinger aus Mitteln des Staates und von dem Geld einer überregionalen Lotterie relativ schnell wiedererrichtet, aber letztlich drückte der Schuh an ganz anderen Stellen. In der zerstörten Stadt herrschte eine katastrophale Wohnungsnot. Wollte das Gemeinwesen überleben, mußte in aller erster Linie diese beseitigt werden.

Also wurde gebaut, unschön, hastig und oft an der falschen Stelle. Die Altstadt zwischen Hauptbahnhof und Altmarkt, deren Reiz vor der Zerstörung in seinem winkeligen Gewirr breiterer und handtuch-

Die Fassade des Taschenbergpalais nach dem Wiederaufbau.

enger Straßen bestand, wurde einer oft öd-geradlinigen Stadtgeometrie geopfert. Doch das erschien zunächst nicht wichtig; die Hauptsache war, die Menschen hatten ein Dach über dem Kopf.

Muß es unter diesen Bedingungen wundern, daß die Trümmer im Schloßbereich zunächst wenig Interesse auf sich zogen?

Hinzu kam, daß es in der zunehmend kommunistisch dominierten Administration Dresdens auch wachsende ideologische Ressentiments gegen den Wiederaufbau des königlichen Distrikts gab. Sollte man die Semper-Oper wiedererrichten, die Hitler besucht hatte und in der er sich feiern ließ? Oder gar das Schloß, das Sinnbild des Augusteischen Absolutismus? Oder das Taschenbergpalais, das Domizil zweier Königsmätressen?

Doch es gab in Dresden auch Männer und Frauen genug, die der Kurzsichtigkeit dieser leicht perfiden Argumentation widerstanden und die, teilweise mit Unterstützung sowjetischer Dienststellen, wenigstens erreichten, daß die Trümmer dieser einstigen architektonischen Kostbarkeiten erhalten blieben und für einen späteren Wiederaufbau konserviert wurden.

Während in Berlin und Potsdam die Sprengmeister den Resten der preußischen Residenzen (das unzerstört gebliebene Sanssouci ausgenommen) zu Leibe gingen, während in Leipzig die alte Universität und die Universitätskirche der Spitzhacke zum Opfer fielen, widerstanden die Ruinen des Dresdner Schloßareals den Sturmzeiten des auf ganz andere Ziele ausgerichteten sozialistischen Aufbaus.

Daß nach Jahrzehnten das Schinkelsche Schauspielhaus in Berlin und die Semper-Oper in Dresden in vorzüglicher bautechnischer Qualität wieder aufgebaut wurden, lag vor allem an einem deutlichen Sinneswechsel im offiziellen DDR-Geschichtsbild. Man erkannte endlich, daß sich die historischen Prozesse nicht nur auf einer plebejisch-proletarischen Ebene entfaltet hatten, sondern daß zu deren Vorankommen sehr wohl auch feudal-aristokratische und bourgeoise Elemente wesentlich, wenn nicht gar entscheidend beigetragen hatten.

Nun war es auf einmal ganz gut, daß wenigstens noch die Trümmer der einstigen monarchischen Prachtbauten vorhanden waren. Den langen Weg durch die Schubladen der sozialistischen Bürokratie legte das Gebäude am schnellsten zurück, dessen Bestimmung von vornherein klar war: Die Semper-Oper war vor ihrer Zerstörung ein Theater gewesen und würde es nach ihrem Wiederaufbau selbstverständlich wieder sein.

Aber was sollte mit der einstigen Mätressenresidenz, dem Taschenbergpalais werden? Einige meinten, das Haus würde ein würdiges Domizil für die renommierte Dresdner Musikhochschule abgeben. Der Vorschlag wurde geprüft, verworfen, wieder geprüft, wieder verworfen und versank schließlich im Aktenmeer der Planungsbürokratie.

Aber auch andere Verwendungsmöglichkeiten standen zur Debatte. So dachten einige daran, aus dem Palais ein Studentenwohnheim zu machen (Frl. stud. med. Mandy Müller im Lusthaus der Cosel, naja...) Außerdem wurde ein Ausbau als Internat für ausländische Studenten erwogen (Herr stud. med. Chi Cho aus Peking im erotischen Freizeitquartier August des Starken, naja...) Eine Zeitlang wurde an eine Verwendung als wissenschaftliche Allgemeinbibliothek gedacht (Herr Bibliothekar Vicenz Amadeus Schulze wischt Staub auf Lenins Werken, naja...)

Doch all diese Pläne zerplatzten wie Seifenblasen im rauhen Wind zentralstaatlicher Planung.

Dann meldeten sich besonders Gewitzte zu Wort. Sie versuchten die Verantwortlichen mit dem Hinweis zu ködern, daß man mit einem wiederaufgebauten Taschenbergpalais die immer dramatischer werdende Devisenbedürftigkeit des Landes mildern könne, indem man aus ihm ein High-Class-Hotel machte. Die Autoren dieser Idee konnten sogar historische Argumente ins Feld führen. Schließlich war das prächtige Haus schon früher zeitweise Nobellogierhaus für Höhergestellte gewesen.

Man kann davon ausgehen, daß dieser Gedanke in den oberen Etagen der Macht durchaus Gegenliebe fand. Schließlich hatte sich das am anderen Elbufer errichtete Hotel »Bellevue« wirtschaftlich durchaus bewährt und eine stattliche D-Mark- und Dollarsumme eingebracht. Ähnliches erhoffte man sich auch von der vor dem Abschluß befindlichen Wiedererrichtung des Dresdner Hofes (dem heutigen Hilton Hotel) hinter den Brühlschen Terrassen. Warum nicht auch noch das Taschenbergpalais in unmittelbarer Nähe des Zwingers?

Daß dieser Plan zu DDR-Zeiten nicht verwirklicht wurde, lag an einem simplen Umstand: Das »sozialistische Deutschland« verendete zu schnell, zu sang- und klanglos, als daß das Projekt sich hätte realisieren lassen.

So herrschte in den turbulenten Oktobertagen der Wende über den Ruinen des Taschenbergpalais die Ruhe des Herbstes. Während wenige hundert Meter entfernt die Zeit mit den Riesenschritten der Veränderung davonlief, bewegte sie sich über den toten Steinen mit der trägen Gemächlichkeit des Verfalls. Wo einst glanzvolle Feste gefeiert wurden, wo Könige und Fürsten ein- und ausgingen, wuchsen nun Birken. Gräser gediehen zwischen dem reglosen Geröll aus verwitternden Steinen und verfaulendem Gebälk.

Die Ruine des Taschenbergpalais präsentierte sich dem Betrachter in der morbiden Schönheit des Erstorbenseins, gewann allmählich das ästhetische Format jener antiken Baureste von Rom und Athen.

Und manch einer sah schon die Zeit kommen, da Schulklassen das Trümmerfeld besichtigen würden, mit dem Lehrer vorne an, der einen alten Stich aus der vergangenen Glanzzeit seinen Schützlingen hochhält und sagt: So ist es gewesen, doch so wird es nie wieder werden. Und ein verspäteter Marienkäfer würde sich von der Trümmerbirke erheben und über das Geröll fliegen. Und die Schüler würden sagen, daß das Haus schön gewesen sei, doch seine Trümmer seien es auch.

Doch es sollte alles ganz anders kommen…

DIE AUFERSTEHUNG

𝕰R war zur Eröffnungsfeier des wiedererrichteten Taschenbergpalais gar nicht eingeladen. Doch er kam, mit der Selbstverständlichkeit eines Außerirdischen, groß, fast bullig, ein Mann voller Kraft, ein Willensmensch, ein Frauenheld.

Die festlich gekleideten Herren am Einlaß wagten gar nicht, nach seiner Legitimation zu fragen, so respekteinflößend war er. Sie baten ihn nur höflich, sich in die ausliegende Anwesenheitsliste einzutragen. Daraufhin holte der Unbekannte einen goldenen Füllfederhalter aus seinem Jackett und schrieb mit seiner klobigen Hand in die Liste: August Stark.

Als die Entrée-Wächter das kostbare Schreibgerät sahen, war ihnen klar, dieser Mensch, wer immer er auch war, mußte zu der erlauchten Gesellschaft gehören, die heute und hier die Wiedergeburt des schönsten und kostbarsten Palais der Elbestadt feierte.

August Stark ging mit wuchtigen Schritten auf einen freien Platz in der Nähe des Rednerpodestes zu und ließ sich dort mit geradezu majestätischer Würde nieder. Dann hörte er sich die Festreden an. Sein Gesicht zeigte eine Mischung von Anteilnahme, Neugierde und Langeweile.

Zunächst ergriff der Vertreter der Bauentwicklungsgesellschaft das Wort, ein Mann von der unverbindlichen Eleganz eines Fernsehwerbespots, nur

Der Nereidenbrunnen im westlichen Ehrenhof.

viel intelligenter. Er sprach von den Schwierigkeiten, mit der sächsischen Landesregierung einen Erbbaurechtsvertrag abzuschließen, lobte die hohe Bereitschaft zur Kooperation, schwärmte von der Ideenvielfalt der Architekten und schloß in seine Dankesworte auch jene Bauarbeiter und Kunsthandwerker mit ein, die mit dafür gesorgt hätten, daß dieser »wunderbare Bau«, wie er sagte, »nun doch noch,

allen Schwierigkeiten zum Trotz, im alten Glanze«
erstrahlte.

Schließlich wurde seine Stimme etwas leiser, so als
wolle er durch die Verminderung der Lautstärke
andeuten, daß das Folgende nicht allzu wichtig zu
nehmen sei. Freilich hätte es, meinte er, manchen Stolperstein, ja sogar manchen Stolperfelsen auf dem
Wege gegeben, dessen krönendes Ziel mit diesem
Festempfang endlich erreicht sei. Aber selbst diese
Schwierigkeiten hätten schließlich die Wende zum
Erfolg genommen, worüber er als Vertreter des Kapitals sich nicht weiter auslassen wolle. Dieses Thema könnte sein wackerer Mitstreiter, Herr Diplom-Archäologe Waldemar Heinrich aus Brühl dem erlauchten Auditorium viel besser darlegen.

Als August Stark »Brühl« hörte, zuckte es heftig
in seiner Seele. Geradezu gewaltsam mußte er sich
klarmachen, daß es sich hier nicht um einen Personen-, sondern um einen Ortsnamen handelte. Dennoch beobachtete er sehr interessiert, wie der Herr
Waldemar Heinrich aus Brühl nun das Rednerpodest
bestieg, aus seinem etwas abgetragenen Anzug sein
Redemanuskript hervorzog, sich räusperte und
schließlich etwas stimmbrüchig zu reden begann.

Man habe in der Sache manche Sorgen gehabt, erklärte er in etwas weinerlichem Ton. Die Bauherren
hätten darauf bestanden, daß eine Tiefgarage direkt
unter dem Taschenbergpalais gebaut würde. Das
hätten seine sächsischen Kollegen, die Denkmalsschützer aus Dresden, zunächst auf keinen Fall akzeptieren können. Schließlich habe es sich um einen
geheiligten Boden gehandelt, der hier von Baggern
aufgewühlt werden sollte. Die Sache sei um so bedenkenswerter gewesen, da man von begründeten

Das berühmte Treppenhaus.

Vermutungen geplagt gewesen wäre, daß sich unter dem Taschenbergpalais geheime Keller und unter Umständen Reste aus dem mittelalterlichen Dresden befunden hätten.

Als August Stark von den geheimen Kellern hörte, wurde er hellwach. Ein nervöses Zucken ging durch sein breitformatiges Gesicht.

Doch der Herr Heinrich aus Brühl fuhr unverdrossen in seiner Rede fort, wobei er sich immer häufiger damit aufhielt, seine Brille auf seiner fleischarmen Nase zurechtzurücken. Obwohl wir Denkmalsschützer vorschlugen, kam es aus seinem schmalen Mund, die unbekannten Schätze dort ruhen zu lassen, wo die Geschichte sie begraben hatte und stattdessen die Tiefgarage mehr in der Nähe des Postplatzes zu bauen, fand dieser Gedanke bei den Bauherren wenig Zustimmung. Glücklicherweise wären sie großzügig und geschichtsverständig genug gewesen, um die Ausschachtungsarbeiten an der Tiefgarage unter dem Taschenbergpalais, einem Gedanken, von dem sie sich durch nichts abbringen lassen wollten, unter beständiger denkmals-schützerisch-archäologischer Aufsicht vornehmen zu lassen.

Jetzt geriet der Redner in Verzückung, der Bruch seiner Stimme war überwunden. Es stellte sich heraus, erklärte er in mitteltöniger Emphase, daß dort, wo die Gräfin Cosel ihr sündiges Leben geführt hatte, unter der Erde die Reste eines alten Siedlungshofes aus dem 13. Jahrhundert lagen, von manch anderen überraschenden Entdeckungen ganz zu schweigen, die sensationell sind und die der sächsischen Geschichte manche Überraschung bereiten werden.

So hätte der westimportierte Denkmalschützerchef die Sache, wenigstens nach dem Verständnis seines

Portal im Großen Innenhof.

schwergewichtigen Zuhörers, auf keinen Fall formulieren dürfen. Man kann kein grandioses Palais nach einem großartigen Wiederaufbau einweihen, und dann die Leute mit ärchäologischen Rätseln abspeisen wollen.

Mißmutig und das bevorstehende Kalte Büfett in majestätischer Gesinnung mißachtend, erhob sich August Stark aus seinem Sessel und ging, ein beeindruckendes Muskel- und Fleischgebirge, ohne nach rechts oder links zu blicken, aus dem Saal. Daß ihm einige mißbilligende Blicke folgten, kümmerte ihn wenig. Er hatte noch nie leiden können, daß man in Rätseln zu ihm sprach.

August Stark genoß, daß er dem Dunst des Offiziellen entkommen war. Er lief genießerisch und langsam durch das wunderbare Haus, schritt gedankenverloren über die wiedererstandene Pöppelmann-Treppe, berührte beinahe wehmütig die kostbare Bespannung des Gestühls und begab sich schließlich breitausladenden Schritts zur Foyer-Bar. Dort bestellte er einen schottischen Whisky. Danach verlangte er von dem Barmädchen, dem er begehrliche Augen machte, einen zweiten und einen dritten Drink. Als dieser ihm gerade durch die adamsapfel-markierte Kehle floß, erschien der denkmalsschützende Herr Heinrich aus Brühl. August Stark winkte den sichtbar erschöpften Daherkömmling zu sich heran und bestellte sogleich zwei neue Whisky.

»Freut mich, Sie kennenzulernen, Herr Brühl!« sagte August Stark und hob sein schweres Glas.

»Ich heiße nicht Brühl, ich komme aus Brühl!« wandte der andere ein.

»Pardon!« schlürfte August Stark aus seinem gewichtigen Kristallglas, »aber Brühl bleibt Brühl!«

Der schmächtige Denkmalsschützer verstand die rätselhafte Doppeldeutigkeit keineswegs und machte ein hilflos-fragendes Gesicht.

»Was habt ihr denn nun wirklich gefunden, dort unten in der Tiefgarage?« wollte der Hüne wissen.

Das war eine Frage von der Art, die der Brühler Denkmalsschützer liebte. Er trank, nun sich endlich seiner selbst sicher, sein hochprozentiges Getränk aus und sagte: »Es kamen die Reste eines Siedlungshofes aus dem 13. Jahrhundert zum Vorschein, die Anker für eine Blitzableiteranlage wurden gefunden sowie Tonröhren zur Wand- und Dachentlüftung. Außerdem kam eine Reihe von imitierten venezianischen Gläsern zutage.«

»Und sonst nichts, gar nichts sonst?« forschte August Stark verbissen.

»Was hätte denn sonst gefunden werden sollen?« erkundigte sich der verunsicherte Herr Heinrich aus Brühl.

August Stark wölbte seinen mächtigen Körper über die Gestalt des schmächtigen Mannes. »Könnte es nicht sein«, sagte er in einem sehr bedrohlichen Ton, »daß dort unten Liebesbriefe der Gräfin Cosel an August den Starken lagen oder gar der Text des Eheversprechens, daß der Kurfürst in seiner Verblendung der holsteinischen Hure gab?«

Herr Heinrich aus Brühl war ob dieser Frage etwas irritiert. Natürlich hatte man in den unterirdischen Kellern nichts von der geheimen Amouren-Korrespondenz gefunden. Aber warum fragte dieser Fremde danach?

»Nein,« antwortete Heinrich aus Brühl, » wir haben nichts dergleichen gefunden! Was zwischen August dem Starken und der Reichsgräfin von Cosel wirklich an hautnahen Intimitäten ablief, wird wohl ewig ein Geheimnis bleiben. Auch das Taschenbergpalais gibt heute keine Antworten auf diese Fragen.«

August Stark lehnte sich befriedigt und beruhigt in seinen Sessel zurück. Mit einer majestätischen Handbewegung winkte er der Kellnerin und bestellte zwei neue Whiskys.

Als ob er sich versichern wollte, fragte August Stark: »Es wird also immer ein Geheimnis bleiben, was zwischen der Cosel und dem August lief?«

»Vermutlich ja!« antwortete der Schmächtige aus Brühl. August Stark gönnte sich ein erleichtertes Schweigen.

In diesem Augenblick trat eine bildhübsche Blondine an die Bar. Ein hautenger Pullover und ein ebensolcher Rock enthüllten mehr ihren Körper, als daß sie ihn verbargen.

»Wir können fahren, Liebling...« sagte die junge Frau, schön wie ein Modell, zu dem hintergründigen Weiberhelden.

»O. k.!« murmelte August Stark nur und schraubte sich vom Barhocker herunter. Herr Heinrich aus Brühl starrte begehrlich die wohlgeformte Schöne an und fragte schließlich: »Wohin soll denn die Reise gehen?«

August Stark hatte seine Begleiterin indessen schon besitzergreifend umfaßt und schob sie selbstbewußt dem Ausgang der Foyer-Bar entgegen.

Erst jetzt besann er sich, daß er nach dem Reiseziel mit der Schönen gefragt worden war.

Er drehte sich noch einmal nach dem Herrn Heinrich aus Brühl um und verkündete mit einem breiten Lächeln: »Nach Karlsbad, natürlich!«

QUELLENVERZEICHNIS

ALBERT PRINZ VON SACHSEN: Die Albertinischen Wettiner. – Gräfelfing 1991
ARNOLD, E.: August der Starke, sein Leben und Lieben. – Stuttgart o. J.
BLASCHKE, K.: Der Fürstenzug zu Dresden. – Leipzig 1991
CZOK, K.: Traditionen sächsischer Landesgeschichte. – Berlin 1983
ders.: August der Starke und Kursachsen. – Leipzig 1987
ders.: (Hg.): Geschichte Sachsens. – Weimar 1989
DELAU, R./SCHÖNER, J.: Taschenbergpalais Dresden. – Halle 1995
FEUSTEL, G.: Wahre Geschichten aus Sachsen. – Taucha 1991
FLORSTEDT, R.: Sachsen – Land und Leute. – Leipzig 1994
GÖRTS, W.: Das Taschenbergpalais in Dresden (Diss.). – Dresden 1969
GURLITT, C.: August der Starke. Ein Fürstenleben aus der Zeit des Barock. – Dresden 1924
HECKMANN, H.: Matthäus Daniel Pöppelmann und die Barockkunst in Dresden. – Berlin 1986
HERM, G.: Deutschlands Herz. – Düsseldorf 1992
HOFFMANN, G.: Constantia von Cosel und August der Starke. – Bergisch-Gladbach 1984
JÄCKEL, G. (Hg.): Dresden zwischen Wiener Kongreß und Maiaufstand. – Berlin 1990

KLEIN, D./SCHULTE, M. (Hg.): Das Sachsenbuch. – München 1992
KÖTZSCHKE R./KRETSCHMAR, H.: Sächsische Geschichte. – Frankfurt/M. 1965
LÖFFLER, F.: Das alte Dresden. – Leipzig 1982
LÜHR, H.-P./MAGER, H. (Hg.): Weinmond im Meißner Land. – Halle 1992
MOHR, C. A. F.: Die Geschichte von Sachsen. – Leipzig 1879
NADOLSKI, D.: Wahre Geschichten um August den Starken. – Taucha 1991
ders.: Wahre Geschichten um Gräfin Cosel. – Taucha 1992
NAUMANN, G.: Sächsische Geschichte in Daten. – Berlin 1991
NIEMETZ, G.: Geschichte Sachsens. – Waltersdorf 1991
VEHSE, E.: Geschichte der Höfe des Hauses Sachsen. – Hamburg 1854
WEIDAUER, W.: Inferno Dresden. – Berlin 1966
ZIMMERMANN, I.: Sachsens Markgrafen, Kurfürsten und Könige. – Berlin 1990

BILDNACHWEIS

Freya Kaulbars 2, 56, 65, 71, 73, 75
Verlagsarchiv: übrige Abbildungen